和孩子一起成长

100分父母 100分孩子

100 FEN FUMU
100 FEN HAIZI

只有不会教的父母，没有教不好的孩子

何占来 / 著

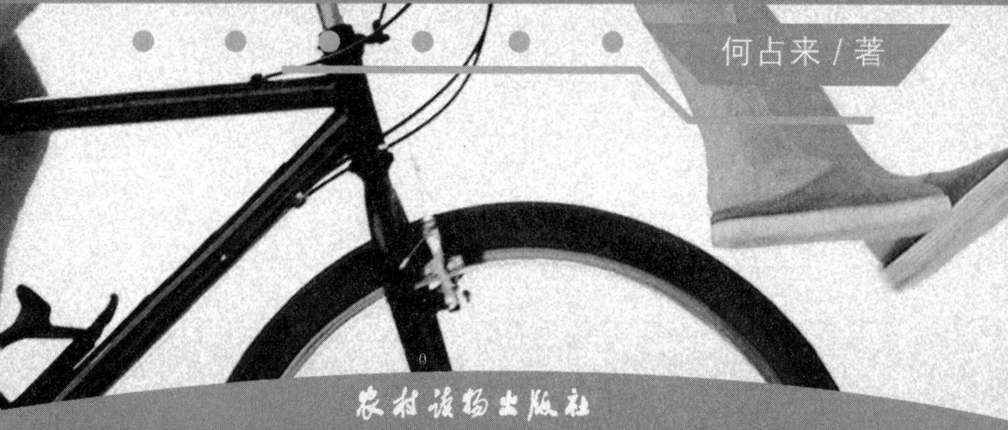

农村读物出版社

前　　言

望子成龙，盼女成凤是天下父母的共同心愿。每一位父母都希望孩子能循着父母的意愿成长、发展，但往往事与愿违，于是他们便认为自己的孩子没有成才的天分，自己家里出不了100分孩子。

其实，任何孩子都可能成为100分孩子，关键在于要进行正确的教育。卡尔·威特指出：“对于孩子的成长来说，并不取决于天赋的大小……在我看来，别说那些生下来就具有非凡禀赋的孩子，即使仅仅具备一般禀赋的孩子，只要教育得法，都能成为非凡之人。”

家庭是孩子人生的第一所学校，家庭教育具有其他教育无可比拟的优越性。父母是孩子的第一任老师，父母不仅要抚养、保护孩子，还必须承担教育孩子的义务。

俗话说：“学高为师，身正为范。”父母要教育、培养出100分孩子，必须注意自身的榜样示范作用。换言之，只有100分父母才能培养出100分孩子。

何谓100分父母？简单说来就是能真诚地爱孩子并且善于表达自己内心之爱的父母。爱孩子是一般父母都能做到的，而这种爱应该如何正确表达出来呢？这就成了区分是否是100分父母的标志。

实际上，父母对孩子的教育过程，就是对孩子爱的表达过程。这种表达，不一定只是言语特有的功能，父母对孩子的教育应该身教与言教并重，宽严相济。

一厢情愿永远教育不出100分孩子。100分父母教育孩子，乃是从孩子的身心发展特点出发，尊重教育规律，让孩子在快乐中接受，使孩子快乐生活、健康成长。

成长的过程是孩子逐步融入社会的过程。社会生活日新月异，在孩子成长过程中会出现许多不可测知的变数。父母要教育出100分孩子，必须树立正确的教育观念，运用科学的教育方法，站在与孩子平等的位置上，做孩子的老师和朋友，经常与孩子进行有效沟通，认真观察，从各个方面培养打造出100分的孩子。

然而，成长又是个艰辛的过程，每一步都离不开孩子自身的努力。100分孩子能在与社会的长期磨合中找到最佳结合点，在父母和社会的正确教育下，不断提高自我认识，修身砺德、学会学习，养成良好性格和心理，注重自身能力发展，走出适合自己的发展道路。

《100分父母　100分孩子》正是顺应了父母培养100分孩子的愿望，通过父母和孩子两个视点，遵循对孩子的教育规律，从孩子成长的特点和需要出发，在吸纳了国内外许多专家、学者优秀成果并借鉴大量家庭教育的经验和教训的基础上，提出了父母与孩子的双向互动中成长的模式。目的是让父母和孩子都能阅读，共同受益。并为父母成功进行家庭教育把脉、指路，最终使父母成为100分父母，孩子成为100分孩子。

最后，衷心祝愿天下父母都做100分父母，每个孩子都能成为100分孩子。

目录

离100分有多远——认识自己

每一个孩子都能成为100分孩子，关键是要能从主观上认识到必须努力修身砺德，学会学习，提高综合素质。另外，100分孩子的成长与父母的教育是分不开的。父母必须对自己进行正确的家庭定位，做孩子的老师和朋友，改变家庭教育方式，不强迫、不放任孩子，尊重孩子，做100分父母。

学习是件快乐的事

把学习当成是父母师长下达的任务，学习的效果就会大打折扣。其实，学习的过程是增长知识并不断成长与发展的过程。若要使学习成为一件快乐的事，就要明确主体，遵循规律，并懂得一定的方法和技巧。

心锁还须用心开——关注孩子的心理健康

心理健康是100分孩子的一个重要方面。孩子的心理问题是一把沉重的锁，会严重影响孩子的生长发育。面对心理有问题的孩子，100分父母能给予孩子关爱并合理疏导，从而打开孩子的心锁，使孩子健康成长。

修身砺德好成才

在文明社会里，德才兼备方算人才。“德”与“才”比，德更为重要，是衡量人才的首要条件。从小讲诚信，会宽容，懂文明礼貌，知感恩，修身砺德，是成才的必修之课。

好性格成就一生

性格决定命运，良好的个人性格能成就人的一生。而良好性格的形成，不仅受到先天遗传因素的影响，

而且与后天的环境和教育紧密相关。成就一生的好性格应该从小培养。

开掘人生的“金矿”——注重能力培养

人本主义心理学的代表人物马斯洛认为，人身上潜藏着人性的优点，就看如何加以引导，使其潜力充分展现。的确，孩子的能力是一座潜在的“金矿”，只要科学开掘，就能在孩子成长的路上，释放无穷的能量。

有效沟通　亲子共赢

有效沟通是家庭教育成功的关键。而沟通则是亲子间的双向活动，相互平等、相互尊重是有效沟通的前提和基础。沟通需要讲究一定的方法和技巧，让爱在彼此心间流动。

值得关注的热点问题

在传统观念与现代文化相碰撞的今天，家庭教育不可避免地面临一系列的难题。这些问题令父母揪心，令孩子困惑，必须妥善处理。

100分，亲子的共同追求

渴望孩子成才是天下父母的心愿，在培养孩子方面，父母总是力求自身做得更好。孩子在父母的殷切关注下成长，与世界与他人不断地磨合，他们又何尝不渴望自己早日成才?!

离100分有多远

——认识自己

每一个孩子都能成为100分孩子，关键是要能从主观上认识到必须努力修身砺德，学会学习，提高综合素质。另外，100分孩子的成长与父母的教育是分不开的。父母必须对自己进行正确的家庭定位，做孩子的老师和朋友，改变家庭教育方式，不强迫、不放任孩子，尊重孩子，做100分父母。

童言无忌

不及格

在驾驶学校里，正在进行口试。主考官问："当你看到一只狗和一个人在车前，你轧狗还是轧人？"

"当然是轧狗了。"学生答。

主考官摇摇头说："你下次再来好了。"

学生不服气，反问道："我不轧狗，难道轧人不成？"

"你应该刹车！"主考官慢条斯理地说。

浪漫与天真

语文老师正在解释诗人的浪漫与天真，发现有个学生伏在桌上呼呼睡着了，很生气地把他叫起来问："你知道浪漫与天真有什么区别吗？"

学生一定神，忸怩地说道："二者其实是一样的，像我刚才的行为就是浪漫，但我希望不会被老师逮着，这是天真。"

1. “强迫教育”早该出局

俗话说：“人往高处走，水往低处流。”人人都有这种攀高的心态。正是在这种心理的作用下，父母总是希望自己的孩子处处优秀，胜过别人。因而，孩子一出生就为孩子设计了未来。孩子长到四五岁，甚至更早，就给孩子进行各种各样的特长训练，小小的心灵过早地背上沉重的包袱，夺走了属于童年应该拥有的快乐。等到孩子上了小学、中学，又提出严格要求，考试成绩必须数一数二，必须考上某所学校，星期天孩子也不能休息，名目繁多的学习班还等着孩子。父母的观念是：只有孩子按父母设计的道路走下去，才能成才；只要孩子按父母设计的道路走下去，才会成才；只要孩子按父母设计的道路去走，才叫争气。这样，父母脸上才有光彩。

家长们认为孩子有出息自己脸上有光，实质上是虚荣心在作怪。有的父母拼命让孩子上音乐班，是因为自己原来想当音乐家的梦没实现；有的父母让孩子上业余体操学校、运动员训练班，是为了圆自己想当运动员的梦；有的父母让孩子上绘画训练班、书法训练班，是因自己的艺术家之梦没圆；有的父母自己没上过大学，就在孩子身上加码：“孩子，你要努力，一定要考上大学！”有些父母甚至要求孩子必须考上某所大学，逼着孩子学习，学习，再学习。父母希望自己的梦想——在孩子身上予以实现，因而辛辛苦苦、耗尽心血，对孩子寄予了过高的希望，不尊重孩子的意愿，不从孩子的兴趣和实际出发，强迫孩子做他不愿做的事。而孩子迫于强大的压力，违心地干这干那，毫无兴趣，没有快乐，只会把父母的期望当成一种负担，一种折磨。最终的结果显而易见，父母们总是事与愿违。

最近，阿明迷上了拳击运动，一回家便对着自己的影子打起了拳击。为了扩大运动空间，他把屋里原先的布置都给弄乱了。就因为这，爸爸妈妈生了好久的气，妈妈总是埋怨："又不是要当拳击运动员！干吗这么拼命地练?"爸爸更不客气，训他："干什么不好，浪费时间，再练也当不了拳击运动员，也不看看人家拳击运动员的身架，人高马大；你呢，瘦猴儿一个。多花点时间看书去，将来考北大！还有，几千块的钢琴还搁着，为何不花点时间练练!"阿明看了看爸妈，没理他们，继续对着影子练拳。

阿明自小就聪明伶俐，学习成绩顶呱呱，又肯帮助别人，是属于妈妈疼、爸爸爱、老师宠、朋友多的那一类人，惟一美中不足的是他身体弱，所以父母不喜欢他练拳击，为他设定的道路是考取北大，练好钢琴。

"整天练拳，看你那样子我就心烦！安静点，坐下来好好看书!"爸爸看阿明摆出拳击动作就生气。其实这一阵，由于爸妈的强烈反对，阿明很少在家练拳了，只是练拳已近乎习惯，动不动就摆出拳击动作，一时半会儿改不掉。

"我只不过摆摆动作而已，况且练拳又不影响学习，我成绩又没下降。"阿明不服气地说道。现在他对拳击运动兴趣十足，练拳的好处他自己是有切身体会的，他觉得自己的身体比以前好多了，精神状态也很好。以前看一会儿书就累，现在连看两三个小时也不觉累，总觉得干什么都来劲，整天兴致勃勃。

可爸妈就觉得不对劲，认为这不是考北大的样子，不是练钢琴的样子。

“你能肯定将来能考上北大吗？或者把钢琴练好吗？”爸爸更生气了。

“我能考上北大！我不喜欢练钢琴，我就爱拳击！”阿明也愤愤地说道。

爸爸气急攻心，跑进阿明房间，把他的拳套扔出了窗外，“我看你还怎么练拳击……”

“我还会练，你能把我怎么样？”阿明飞快地冲出门。

妈妈被这场突如其来的吵架吓坏了。这个家一向风平浪静，夫妇俩相敬如宾，阿明乖巧可爱，从不顶嘴，可练了拳击后就不一样了。妈妈只得在一边无可奈何地叹气。

阿明练拳击本是一件很正常的事，他感兴趣，又不影响学习，而且还能达到健身的目的。可是，爸妈强烈地遏制他的兴趣，强迫他按照他们设定的路线成长。因而导致了亲子矛盾，破坏了和谐的家庭关系。

孩子是独立的个体，有自己的个性有自己的喜好是好事，家长不能过多地干预他们，不能仅仅从自己的意愿出发，而不考虑孩子的感受，强迫孩子做他不想做的事。可以肯定地说，孩子本身不感兴趣的、父母强迫学习的东西，其结果不可能是理想的。父母的强迫，过高的期望，无形中给孩子增加了一份心理重负。孩子在长期压抑的心情下，其生长发育及精神健康都将受到不良影响。

家庭是人生的第一所学校，父母是孩子的第一任老师。身为100分父母应该能从孩子的兴趣爱好出发，从孩子的实际出发，去培养孩子的兴趣，尊重孩子的选择，而强迫是结不出硕果的，“强迫教育”对孩子的成长不利，早该出局。

专家建议

孩子有其个性发展的特点，父母不应主观地将意愿强加给孩子。强迫孩子做不愿做的事，只会剥夺孩子的快乐，毁灭孩子的聪明天性。身为父母，要做到以下几点：

(1) 转变观念，“三百六十行，行行出状元”，要树立正确的人才观。

(2) 培养孩子要从孩子的兴趣出发，符合孩子的成长规律，尊重孩子自己的选择。

(3) 要善于发现孩子的兴趣点，多启发诱导，少训斥唠叨；多一些宽容，少一些苛求。

2. 放任成就不了天才

家庭是人生的第一所学校，家庭教育是学校教育所不能替代的。但现在有许多父母生下孩子后，为了事业或家庭幸福，常常把孩子放在祖父母、外祖父母那儿，或寄居在其他亲戚朋友家里，仅仅提供给孩子优越的物质条件，一年难得与孩子见上几次面；有的父母虽在子女身边，但或因工作忙，时间少，或因贪图个人享受，嫌孩子拖累，无暇顾及或不愿顾及子女的教育问题；还有些父母对孩子的教育问题知之甚少，干脆不闻不问，任其上天入地……这些都是忽视对孩子教育，放任自流的表现。

有些家长认为：孩子如小树，树大自然直，孩子长大了自然会好。这种观念是肤浅的，也是错误的。教育孩子，如同护理树苗，必须予以重视。在孩子成长的每一阶段，仔细地观察、了解，适时地进行引导，能使孩子不受环境中各种不利因素的影响，进而健康地成长。因此，任何放任孩子的做法，只会毁掉孩子的一生。

美国心理学家本杰明·布卢姆认为，5 岁前是儿童智力发展最为迅速的时期，从 4 岁起就约有成人 50% 的智力，其余的 30% 是在 4 岁到 8 岁获得的，最后的 20% 是在 8 岁至 17 岁获得的。人的智力总量的四分之三在他进入三年级时就具备了。可见，儿童的潜在能力是巨大而惊人的，如果父母不懂或不知孩子大脑的潜力存在，而不注意及时运用适当的方法训练教育，循循善诱，潜能是不会自动发挥出来的。而这个阶段儿童智力发展水平将影响入学后的学习与成长。即使在孩子入学后，父母也不能放弃或放松对孩子的管教。

孩子有着不同于成年人的身心发展特点，他们思想活跃，行动敏捷，性格开放，可塑性极强。但如果放任他们，孩子的思想意识、道德品质就会缺乏规范。尤其是潜意识的东西，更难把握。一经外界诱惑，邪恶便很容易占据其心灵。特别是到了青春期的孩子，世界观还不稳定、不成熟，对人生许多问题难免困惑，更需要父母的引导和教育，绝不能放任不管。

王敏的父母是上海知青，在新疆军垦农场相识相爱并结婚。夫妇俩虽远在他乡，生活艰苦，但也甜蜜和美。他们把王敏看成是自己的希望和掌上明珠。也许是边疆的水土和少数民族的

风俗习惯影响，王敏从小就像男孩一样喜欢在草原上骑马、狂奔，尽情玩耍。但在她4岁那年，由于一场意外事故母亲被撞伤，花去了家中全部积蓄还借了一屁股债，也没能挽回母亲的生命。过了几年，父亲实在受不了家庭的不幸和烦恼，一气之下辞去了工作，带着年龄尚小的王敏回到上海。那年父亲刚满40岁，但看上去像个老头。

就这样，他们住进了爷爷家，那是一间不足十平米的阴暗潮湿的小屋。因为要抚养女儿，文化不高的父亲只得每天早出晚归跑到浦东小河塘里去捕鱼捉虾卖，生活十分困难。父亲整天忙忙碌碌，话也越来越少，他认为只要挣钱养女儿，就尽到了做父亲的责任，就给了女儿温暖。王敏很懂事，还能照顾身体不好的爷爷。学习也很努力，又十分聪明，成绩在班上名列前茅，小学六年里，她多次被评为三好学生，当过中队长、大队长，在文艺表演和体育比赛中成绩也不斐，深受老师和同学喜欢，称她是棵“好苗苗”。

小学毕业，她进了市中心的一所重点中学。该校地处淮海路，同学们的生活条件都比较好，穿着打扮讲究，花钱大方。随着年龄增长，王敏也逛淮海路，跑商店。她非常羡慕同学无忧无虑、开开心心的生活，他们根本不需为自己的生活费担心。他们有父母的关爱，而作为同龄人的她却有着截然不同的处境。爸爸为了生活每天浑身是泥，背回一大麻袋田螺或鱼虾，回家还要清洗，再拿到集市上去卖，换回钱买米买菜，供自己上学，根本就没时间陪伴她，让她感受不到深切的关爱。

这时她心理不平衡了，她也要像班上的同学一样过日子，能穿好些，有零食吃。这些要求很明显无法从辛劳的爸爸那得到满足。于是她便利用自己班干部的身份，纠集了一些听话的男女同学，在校门口向低年级同学要钱。刚开始，她自己偷偷摸摸地伸手向那些胆小的女同学要。几次得逞后，她胆子越来越大，以致公开抢小同学的午饭钱。如不给，她就叫一帮人等在校门外以威胁或殴打来达到目的，成了学校有名的“霸王花”。她用非法所得为自己购买名牌衣服，打游戏机，尽情挥霍，以致成绩急剧下降。父亲对此却浑然不觉。她为了虚荣，在同学面前显示自己有本事，甚至以身相许在社会上找“靠山”，认所谓的“干爹”和“阿哥”，经常逃学，甚至夜不归宿，对老师的教育和帮助置若罔闻。父亲得知女儿变坏后，把她吊起来狠狠打了一顿，恨她不争气，辜负了自己的一片心血。而她还是我行我素，最后被送进了工读学校。

王敏本是一棵“好苗苗”，却蜕变而进入了工读学校，可以说缺乏良好的家庭教育是一个重要原因。她的家庭是残缺的，而父亲只知一味挣钱，很少对她进行教育。他认为只要多挣钱养女儿，就算尽到了责任。在家庭贫困和缺乏温暖的压力下，父亲踏进了教育的误区。正处于世界观形成之中的女儿，各方面都还不成熟，由于外界环境与自身形成强烈反差，导致她心理不平衡。这时如果有人及时给她引导，使她走出思想误区，那么后果也就不至如此。

由此可见，即使是好孩子，也需要家长的教育，特别是问题家庭中，家长更需要关注孩子的健康成长。别让家庭中的一些无奈的阴影永远罩着孩子，别因为自己的不幸而忽视对孩子的教育。无论是哪种家庭，都必须加强对孩子的教育，关注孩子的成长，放任自流永远也成就不了天才！

专家建议

孩子的生理心理发展都还不成熟，世界观、人生观尚未真正形成，可塑性极强，所以家长必须关注孩子的健康成长，决不能因工作忙或其他借口而让孩子放任自流。100分父母往往能够注意以下几点：

(1) 注意孩子的感情需要。成长中的孩子心理比较脆弱，需要得到父母爱心的滋润。

(2) 关注孩子的思想变化。思想变化总会反映在行为上，对孩子日常举止要加以关注。

(3) 关注孩子的消费。当孩子的消费急剧提高时，要注意孩子将钱花在哪方面。对孩子的不合理消费需求要加以限制。

(4) 关注孩子的交友。孩子们都渴望得到友谊，但大人对此也要关注，“近朱者赤，近墨者黑”，周围的朋友对孩子成长也会产生重大影响。

3. 当好孩子的“偶像”

为人师表是教育者的天职，父母是孩子的第一任老师，所以，父母要想孩子做得好，自己首先就要做得好。父母以身作则，才能在孩子心目中树立良好形象，对孩子才有说服力和感染力。从这方面来说，父母教育孩子的实质在于教育自己，自我教育是父母教育孩子的最有效方法。

父母对子女的教育是在抚养的基础上，依赖亲子间的天然亲情关系，通过言传身教、潜移默化地将父母所认可的社会道德规范、人格品质等传递给子女。父母对子女的教育，意义更广泛，是一种人生教育、人生启蒙。不仅仅有知识、智力的成分，还有人格的内涵。所以，只有100分父母，才能培养出100分的孩子。100分父母能够施加给孩子良好的影响，处处能做孩子的榜样，而榜样的力量是无穷的。

父母要做孩子的表率，起到良好的榜样示范作用，必须进行自我教育，修身砺德，提高素质，和孩子一起成长。首先，父母要树立正确的婚恋观，要有婚姻道德和家庭道德，提高婚姻质量，不轻易离婚再婚，给孩子一个安全、稳定、和谐的家庭环境。即使夫妻离婚，双方也要关心孩子，经常陪孩子。第二，父母必须多学习新知识，接受新思想，以此来提高教育孩子的能力和水平。同时，营造和谐温馨的家庭氛围，要从以娱乐为主的闲暇娱乐转向以学习为主、读书娱乐相结合的休闲模式。第三，父母平时要多注意自己的言行举止，努力做到言行一致。第四，不要轻易允诺孩子，对于孩子提出的要求，父母无法做到时千万不要勉强，打肿脸充胖子，浪费了自己的时间和精力，也不能帮助孩子。

丽丽要上学了，爸爸妈妈给她买了一个小闹钟，说：“丽丽，以后你要自己把闹钟调好，早上自己起来哦！”丽丽说：“你们叫我不行吗？”妈妈笑着摸摸她的头，说：“好孩子应该自己的事情自己做。爸爸妈妈也有一个闹钟，爸爸妈妈每天早上也都要按时起床呀！”丽丽答应了这一要求。

几天来，丽丽都在闹钟的帮助下及时起床了。过了几天，妈妈出差了。这天早晨闹钟响了，丽丽起床自己穿好衣服，洗漱完毕，到饭厅里去吃早餐。结果发现餐桌上空空的，爸爸不在那儿。她奇怪了，难道爸爸还没起床？她轻手轻脚地推开爸爸房间的门，发现爸爸睡得正香。丽丽摇醒了爸爸。爸爸睡眼惺忪地问："丽丽，什么事呀？"丽丽说："爸爸不是好孩子，没有按时起床！"爸爸一看闹钟，心想不好，今天肯定迟到了。

丽丽的爸妈对丽丽的严格要求是正确的，有利于增强孩子的自理自立能力。丽丽为了做到爸妈的要求很努力，但却发现爸爸没遵守他们的约定。这势必会影响爸爸在孩子心目中的形象。正是因为意识到了这一点，爸爸向丽丽解释了原因，并真诚地道歉："哦，对不起！我昨天晚上工作得太晚了，所以今天起来迟了。爸爸保证下次不会这样了。咱们来比赛，看谁出错的次数少，好吗？"丽丽说："好，爸爸已经出过一次错了！要小心哦！"

在许多事情上，大人也不一定就能做到十全十美。但是答应了孩子的，一定要做到。父母只有言行一致，才能起到榜样示范的作用。孩子的模仿能力特别强，父母要注意自己的行为举止，以高尚的品格和人格去影响孩子，让孩子走上正确的成人成才之路。

专家建议

父母是孩子的第一任老师，孩子是父母的一面镜子，父母的思想行为、人格品质都会对孩子产生潜移默化的影响。所以，父母应该做到以下几点：

（1）努力学习，提高自己各方面的素质，以健康的思想、良好的品质和积极的行为，做好孩子的表率。

（2）要做到以身作则，言行一致，答应的事一定要努力做到。

（3）要正确评价自己的能力，不要轻易允诺孩子。

（4）要对家庭和孩子负责，如果有了失误，要迅速改正。

4. 成为孩子的好伙伴

在现实生活中，许多父母发现：随着孩子的长大，与父母的交流越来越少，有时对父母说话做事，还表现出反感和对抗。相比之下，孩子们却愿意与家庭之外的成人交往，因为他们在那里能得到尊重和平等。

许多父母都认为：我走过的桥比你走过的路多。对待孩子总是摆着一副说教的脸孔，老爱用“你应该怎样”，“不应该怎样”等口吻对孩子说话，要孩子做这做那，片面强调自己的观点与尊严，而不顾及孩子的想法，认为自己从来都是对的，而孩子从来都是错的。殊不知，这样不仅得不到孩子的认同，还容易破坏父母在孩子心目中的形象，会挑战孩子心目中的“父母权威”，因而达不到预期的教育效果。

其实，父母和孩子的交往，应该是民主和平等的。孩子不是父母所拥有的私人财产，他们的价值、尊严理应得到尊重。在教育孩子过程中，有些父母认为：孩子不打不成才，棍棒底下出孝子。殊不知，这种“专制”的态度，是产生亲子隔阂的根源。事实也早已证明：棍棒教育下不可能开出绚丽的花朵。所以父母要把自己放在适当的位置，以平等的身份与孩子交往，在生活中尊重孩子，才能让孩子从内心深处信服家长的教育。

然而，仅仅有尊重是不够的，父母还必须与孩子建立起相互信任的关系，做孩子的知心朋友，真正地了解孩子，理解孩子，从而正确地教育和引导孩子。

彬彬进入初中后，爸爸便新增了一项烦恼：怎样让儿子听话？而彬彬似乎事事总喜欢跟爸爸拧着干，于是，爸爸加大了“专政”力度。彬彬稍有不对，便会遭受爸爸劈头盖脸的一通训斥。无奈之下，彬彬只得躲着爸爸，在外头偷偷疯玩。

一段时间后，爸爸发觉彬彬只不过是在阳奉阴违，根本就不吃自己的这一套，又气又恼，也很无奈。恰逢彬彬的学校召开家长会，想不到意外的事情发生了——爸爸眼中的这个“逆子”竟然受到了老师的表扬！爸爸有点不相信自己的耳朵。会后，爸爸找到了老师，问老师彬彬在校的表现到底怎样。老师证实了他没有听错，爸爸疑惑了，在家里儿子为什么不听话，老是与自己对着干呢？经过与老师的一番详谈，爸爸终于醒悟过来，是自己对儿子的教育方法错了，要想让彬彬“听话”，必须改变自己的教育方法。

一个星期天，爸爸见儿子抱着足球要出去，便提出想跟儿子一起去踢足球。彬彬犹豫了，但经不住爸爸的诚挚请求，爸爸还说年轻时他是学校足球队的前锋，于是他们一道到了球场。

一场比赛下来，爸爸表现出色，帮彬彬的球队赢得了那场比赛。彬彬万分兴奋，忘乎所以，抱着爸爸：“哥们儿，想不到你还真行啊！”这以后，父子俩交流的机会多了，因为足球是他们的共同话题，彬彬也常邀爸爸一起去踢球。一次踢完球后，彬彬对爸爸说：“老爸，你踢球真棒！要是其他地方也这

么棒就好了。”爸爸抓住了这一有利时机，赶紧追问，这才知道儿子为什么不听话了。原来，爸爸老是训斥，使得彬彬觉得在爸爸面前，自己一无是处，不听话，他所作所为只是想向爸爸证明他长大了，也有自己的想法……

弄清楚这一情况后，爸爸改变了自己的言语习惯，与儿子说话很少用“你应该……”，“你必须……”等强制性口气，想让彬彬干活也试着用商量、征询的语气。在生活上，也常常征求儿子的意见。比如在给儿子买鞋时，也会问儿子对颜色的要求。遇到彬彬讲他所做的得意的事情时，爸爸学会了夸奖和鼓励。而彬彬也开始听话了，有事也愿意和爸爸商量，父子俩俨然成了知心朋友。

爸爸正是改变了居高临下的姿态，与孩子建立了一种更为平等民主的关系，成了儿子的知心朋友，在与孩子的平等交流中进行教育，因而，使儿子变得听话，有事也愿与爸爸商量。从而实现了亲子间的有效沟通，达到了教育孩子的目的。

做100分父母，要经常站在孩子的角度，以朋友般的尊重和平等态度去引导和教育孩子。做孩子的知心朋友，不仅不会挑战孩子心目中的父母权威，反而能增加孩子对自己的信任，实现亲子间的有效沟通，从而达到预期的教育效果。

专家建议

父母要摆正自己在家庭中的位置，要想使孩子信服自己，不妨去做孩子的知心朋友。

(1) 父母要改变自己的观念，抛弃传统的家长权威，站在孩子的角度去思考问题。

(2) 在与孩子的交往中要真诚。答应孩子的事不能当作儿戏，要说到做到，不能应付差事。父母自己做错了事，也要真诚地向孩子承认错误。

(3) 孩子犯错时要多一些宽容。在等待孩子申述原因时，不能随意打断孩子的话，而根据一些迹象匆匆下结论或进行谴责，这才能使孩子确信父母的真诚。

5. 好德行成就好未来

在对孩子的“五育”教育中，德育被放在首要位置，足见道德品质对一个人的生存与发展有着十分重大的影响。社会对人才的衡量标准是“德才兼备”，有些单位在招聘人才时甚至把“德”看得比“才”重要，他们认为“才”可以通过努力获取，而“德”却是伴随人一生成长而形成的品质。在现实生活中，传统道德的缺失不能不引起我们的深思。在公共汽车上，通常会看到父母站着、孩子坐着的情景；许多孩子心里只惦记着自己的生日，很少有人知道父母的生日；当有好吃的东西时，很多孩子只知道自己独享，从来不懂得让父母也尝一尝……这些仅仅是家庭中孩子道德缺失的表现。如果把镜头移向社会，将会看到更为惊心动魄的场景：考试作弊情况严重，学生公然和老师对抗，校园暴力和破坏行为严重，孩子间的粗暴行为频繁，以自我为中心、自私的个人主义者数量上升，青少年性行为年龄越来越小，青少年犯罪呈上升趋势……

一个叫艾美的小朋友过生日，邀请了很多同学来她家一起庆祝，妈妈买回来一块巧克力蛋糕表示祝贺，让艾美与小朋友们一起分享。孩子们坐在椅子上，等着阿姨一块块地把蛋糕分给大家。

当分给小艾美时，她问妈妈："妈妈，我可以把我那份给小杰吗？"说着她指了指躲在一边害羞的小杰。

"为什么呢？"妈妈问。

"小杰觉得全班没一个同学喜欢他，所以他不肯来拿蛋糕。假如我拿一块过去，而且陪他坐坐，说不定他会好过些。"

这时妈妈看看女儿欣慰地笑了，并且为她鼓掌。

妈妈为艾美鼓掌，是艾美能设身处地为他人着想，真诚地体谅他人的感受，而不是冷漠地观察别人。

一个人在社会上生存与发展，必须具有同情心，讲文明，懂礼貌，与同伴友好相处，讲究公共道德、爱父母、爱家庭、爱老师、爱集体、爱劳动，有热情开朗活泼的性格，有勇敢、诚实、坚韧的品质，要有爱国情感等等。这就要求为人父母者首先要在这些方面做好，为儿女做出一个榜样，然后在生活中注意细节，培养孩子也成为这样的人。

其实100分父母会在生活中发现很多机会来教育好自己的孩子。比如在一个居民小区，你乱倒垃圾，我也乱倒垃圾，弄得臭气熏天，蚊蝇乱飞。如果父母能够站出来宣传让大家都注意保护环境的清洁卫生，那么受益的不但是居住在这里的住户，还会让你的孩子从小就懂得环保的重要。

假如父母们都诚实经营、诚信待人，也就不会有令人担忧的孩子撒谎成性的问题了。

……

我相信父母都不希望自己的孩子将来成为一个道德败坏的人，那就要求父母首先在这方面做到100分，让孩子不断受到熏陶和教育，也能成为一个100分孩子。

专家建议

“德”是衡量人才的首要条件。正处于成长中的孩子，要想使自己迈向成才之路，必须首先立德，从小养成良好的道德习惯和道德品质。

（1）从小事做起，比如爱护公物、讲究公共卫生、待人诚恳、在家能孝敬父母长辈、在学校能尊敬师长等等。

（2）多读关于中华传统美德和社会主义道德的书。传统美德和社会主义道德都是社会主义精神文明的重要内容，能指导青少年的行为方向，预防不良行为的发生。

（3）了解一些法律知识。法律、道德同是人们的行为规范。

6. 成为学习高手

学会学习就是要培养独立自主地获取知识的能力，是要掌握一种可以终身受益的技能。会学习作为人的一种能力、一项技能，在知识经济时代显得越来越重要了。而孩子是明天的花朵，是未来的希望，更需要掌握这项技能。

人的大脑是一个复杂的机构。它的每一个活跃的细胞，都有几十万个与其他细胞的连接点。这些连接就像一棵大树那样，

从主干上分出许多分叉，每一个分叉再分出许多分叉，分叉上再生出分叉。作为家长想要培养出100分孩子，要先了解科学的规律。平时，大脑对知识的记忆也是这样从主干到支干再到更小的支干直到最小。事实上，脑细胞之间不是单线连接的，会有许多交叉，或顺向或逆向循环等等。大脑的这种树形结构与智力直接相关。孩子的学习，就是要建立这样一个智力系统。而这个系统的建立，依赖于外界对大脑的刺激。而一些非智力因素如信心、兴趣、毅力、情绪、性格等会影响外界刺激的作用。所以，学习应该是智力和非智力因素共同作用的结果。家长帮助孩子学会学习，一方面要挖掘出其智力潜能，另一方面要重视其非智力因素的作用。

但是，在现实生活中，有很多家长和孩子往往只重视智力因素，甚至只重视智力因素的某一方面。更有甚者，认为只要某次考试分数高就是会学习。因而有的孩子为了提高考试分数，一心扑在书上，不看电视更不出去玩，却很难提高成绩。

英国有位社会学家，曾经调查了几十位诺贝尔奖金获得者，发现这些获奖者大多认为，学生学习期间，最重要的是掌握学习方法。也有人曾经做了个生动的比喻：一个猎人到森林里去打猎，要准备猎枪和干粮。如果一个学生在学校里只知道积蓄知识，而不懂得掌握获取知识的方法，那么他毕业后走上工作岗位就像猎人走进森林，只带干粮没带猎枪一样。没有猎枪，干粮再多，也会消耗殆尽。如果有一支猎枪，并能运用自如，那么还愁没有吃的吗？这一生动的比喻说明了掌握学习方法对孩子何等重要。而好的学习方法还能发挥孩子的潜在能力。

学习是一种受众多因素影响的复杂的认识活动，孩子在学

习过程中要形成适合自己特点的最佳学习方法并不是一件容易的事情，它不仅依赖于教师的辅导和家长的引导，更要依赖于孩子自身的探索。

孩子是学习的主体，所以搞好学习，不是老师或家长的事，更不是老师或家长交给的任务。只有明确自己的主体地位，才能有兴趣地进行学习，进而才可能保持永不衰竭的学习动力。有兴趣地学，才能养成良好的学习习惯，保持学习的自觉性，进而对学习产生乐趣，这样才能真正地搞好学习。

然而，我们所说的学习和成绩并不仅仅界定于文化课的学习和文化课的考试成绩，文化课的学习仅仅只能算是其中的一个方面。“三百六十行，行行出状元”。发现和培养自己的兴趣点，集中精力，掌握方法，有乐趣地学才能真正学好。

有些父母经常给孩子安排过多的学习内容：早晨学什么，中午学什么，晚上学什么。孩子的时间被安排得满满当当，孩子们每天除了吃饭和睡觉以外，几乎天天都被关在房间里去背那些毫无趣味的课文。父母不允许他们交朋友，认为孩子出去玩是在浪费时间，也不许他们看电视。读书和学习成了孩子惟一能做的事情。这样一个处于绝缘状态的孩子整天处在一种极其紧张的精神状态里，整天逼着孩子看书的结果使他反而对学习失去了任何兴趣。

徐老汉的孙子叫徐亮，是浦口区盘城中学的学生，前年中考，考了594分，是这所中学的“中考状元”。徐亮能有这样的成绩，邻居们都不相信。一位邻居说：“这个小家伙从小就和他爷爷一样爱看电视。”

尽管爱看电视，但徐亮的学习成绩一直不错，所以父母平

时也不加干涉。但中考前几天，徐亮仍然盯着电视机看，连爷爷都为他着急。爷爷对他采用激将法："你要能考到500分，爷爷就买甲鱼给你吃！"自信的徐亮对爷爷说："你输定了。"结果，徐亮得了全校最高分。

徐亮自己说，他最大的爱好就是看电视，但他上课时从来都是认真听讲，不懂就问，回到家中，作业没做完决不看电视，他认为这样读书很轻松。

100分父母应该学会适当地安排孩子的学习时间和娱乐时间，应该让孩子在生活中快乐地学习。这样，才能培养出100分孩子。

专家建议

21世纪是知识经济的时代，一个人获取和运用知识的能力比他拥有的知识更重要。作为新世纪的孩子，要想自己成为100分的孩子，一定要学会学习，养成终身学习的习惯。

（1）培养自己的学习兴趣。遇上难题要多想办法去解决，对自己的成绩，哪怕是一点点的进步，都要给予肯定，并以此来自我激励，培养学习乐趣。

（2）开阔视野，可以看书、看电视、参观、旅游或拜访有学问的人，更多地了解更广阔的世界，开拓自己的思路。

（3）多动手动脑，多思考，多观察。多观察才能发现问题，多思考才能做出正确分析，多动手才能掌握真知，进而解决问题。

（4）要明白学习是一个过程，需要不懈努力，有计划地完成。

7. 用完美的心灵缔造成功

21世纪是一个知识经济和信息的时代，越来越需要高素质的人才。学校面临从应试教育向素质教育的转轨，因而需要把提高学生的综合素质摆在首位。很多家长也都注意到培养孩子的多方面素质要比单纯提高学习成绩更重要。据调查显示，在我国多数孩子不会做家务和整理自己的物品，少数孩子学习习惯不好、心理承受力差、自控力不强、被动学习，不会处理与同学及周围人的关系。显然，这样的学生即使上了大学、智商再高，也难以成为未来社会所需的人才。若再有冷漠自私的弱点，根本不可能达到100分。

湖南有一个学生，考进湖南某初中实验班时做了一次智力测验，IQ高达135，属于智力超常，家长和老师都很高兴，可是悲剧也就由此开始。这位同学认为自己聪明绝顶，犯不着像别人那样去拼命学习，考个大学不过是小菜一碟。于是上课漫不经心、东张西望，作业马马虎虎，家务活更是从来不干，又心高气傲，不能与同学很好相处，只要有空就去玩电子游戏。后来，连续两年高考都未能达线。

可见，仅仅智商高不一定能学出成绩。在现实中，有些孩子在校读书时，曾被认为是智力出众的学生，但毕业后却没有什么作为。所以，孩子的综合素质需要提高。

综合素质包含的内容很多，比如在前两节提到的道德品质，会学习的能力等都在其中。鉴于前面已有所论述，这里要谈论

的就是除此之外的素质，比如心理素质、情绪情感、个性品质等等。

孩子的健康不仅要有强健的体魄，还要有健康的心理。心理健康是生理健康的重要保证，是孩子发展成才的根基。一个心理健康的孩子，肯定会有良好的行为习惯，能与他人友好相处，求知欲强，喜欢提问题，爱动脑思考，因而会形成良好的个性品质，其对社会的适应性也强，而且其潜能也能正确地发挥出来。

衡量孩子的心理健康与否有不同的标准，看一个孩子心理是否健康，一般可从以下几个方面考虑：

①乐观豁达的愉悦心境；②和谐融洽的人际关系；③悦纳自我的正确观念；④个人与社会的协调一致；⑤协调统一的健康人格。一个人的心理如果在这些方面都十分完好，那么就是一个心理健康的人。但是生活中总免不了磕磕碰碰，使人的心理受到干扰，出现不适，一个心理健康的人必须具备不断地调控自我以适应外在变化的能力，即心理承受能力，使心理不适成为暂时现象，经过调整能恢复常态。

张玲是某班文娱委员，活泼，能歌善舞。初二时，她在市中学生文艺汇演中得了大奖。她为自己的文艺才能而自豪，沉浸在自我陶醉中。渐渐的，她开始不理那些平时与她玩的同学，而那些同学见她一副高傲的神情也就远离了她。上初三时，她忽然感到寂寞孤独，没有朋友，甚至没有人愿意主动同她说话。她苦恼、沮丧，感到压抑，上课总走神，学习成绩大降。每到晚上，她常常因为这些事迟迟不能入睡，消瘦多了。后经过心理咨询，她克服了自己自负的心理障碍，主动与同学交往，又

恢复了原来活泼、开朗的面貌，成绩也提了上来。

从以上案例中可以看出，心理问题导致了性格与情绪问题，影响到张玲同学的生活和学习。所以在日常生活中，要注意及时调整心态和情绪，这样才能养成良好的行为习惯，进而形成良好的个性品质，使自己健康成长。

情绪是人对客观事物的态度体验及相应的行为反应，是每个人对自身和外界某种刺激而产生的一种生理反应。情绪要通过一定的行为来反应，但孩子的生理、心理机能正在发育中，因此，对外界刺激反应会不同于成人。有时，某些孩子不知道怎样正确表达自己的想法，可能会用一些怪异行为来发泄。

小玫小时候就被大家公认为是一个聪明乖巧的好女孩。小学五年级之前，她的学习成绩一直在班里名列前茅，担任班里的学习委员。五年级下学期期末考试前，因为生病，落下了不少功课，班主任建议她不要参加期末考试。但她觉得自己一向都学得不错，坚持参加，结果成绩由原来的第二名滑到了第二十名。

从此，小玫开始害怕上学，每次开学前身体都会出现大大小小的不舒服，并且一进学校就紧张、心慌，上课也不专心听老师讲课。遇上考试，各种不舒服症状更为明显，极度焦虑，诚惶诚恐，甚至呕吐，成绩每况愈下。

小玫由于一次考试的失败导致了她害怕被同学耻笑、被老师和家长指责等复杂的情绪问题。其实，孩子的所有学习活动

都伴随着各种情绪的参与。但孩子的可塑性很强，只要正确认识自己，找出症结所在，用合理的方式疏导不良情绪，这些问题都是能够解决的。

另外，个性品质在个人成长中也有着非常重要的作用。100分父母都知道每个人的个性都会与众不同，没有个性的人是不存在的。但是，并不是每个人的个性都具有吸引力、打动人、震撼人的力量，惟有当一个人的个性是真正符合道德的，是真正强烈而又鲜明的，那么他的个性才会具有打动人、感染人的力量，才更易于取得事业上的成功。但有时，个性自身也存在一定的弱点和缺陷，比如孤独、烦恼、偏见、失意、紧张、激动等等，要使孩子避免这些弱点，需要帮助他们能够正确评价自己和他人，调整心态和情绪。

专家建议

综合素质所包含的内容十分丰富，一个人的综合素质无疑对事业成功会产生重要影响，甚至可以说能起到决定作用。要想成为100分孩子，必须健全自己的心灵，努力提高自己的综合素质。

（1）正确评价自己和他人，处理好自己与他人的关系，主动融入集体环境。

（2）正确对待父母、老师的教育。

（3）从自我的封闭世界中走出，多接触社会和他人，以消除不良情绪。

（4）关爱他人，也就是在关爱自己，在助人中体会生活的乐趣。

童言无忌

总和等于零

数学课堂上。

老师问小明："假如你欠杂货店12元钱，欠卖菜人的钱是欠杂货店的二分之一，欠水电费是欠卖菜人的5倍，那么总和是多少？"

小明冷冷地回答说："总和等于零。我可从来没欠过别人的钱。"

一成不变

一个大学教授的讲义，数十年如一日，没有多少变化。

新学年开始，一个新生在听课时根本没有记笔记。教授奇怪地问他："这是为什么？"

学生说："何必记呢，我从父亲那里已经借到你的讲义了。"

学习是件快乐的事

把学习当成是父母师长下达的任务，学习的效果就会大打折扣。其实，学习的过程是增长知识并不断成长与发展的过程。若要使学习成为一件快乐的事，就要明确主体，遵循规律，并懂得一定的方法和技巧。

童言无忌

已经老化了

——小明，爸爸今天给你买了一本《知识爷爷》。

——爸爸，我不要《知识爷爷》，我要《当代》。

——为什么？

——因为爷爷的知识已经老化了。

怎能相比

父子看电影，当银幕上出现县官受贿收银子的镜头时，孩子对父亲说："爸爸，你看！那个县官和你多么像呀！"

爸爸说："胡说，我怎么能和他相比！他收的是白花花的银子，我收的不过是台彩电。"

1. 和孩子一起学习

父母是孩子的第一任老师，父母的言传身教无疑对孩子的成长会起到重要的教育作用。但教育是一种双向行为，很多情况下，在教育孩子过程中，父母也刷新了自己的认识，在教育孩子的同时也提高了自己。父母和子女之间是互相影响、互相促进的，彼此既是施教者，又是受教者。所以，父母要与孩子一起成长，一起学习。这样和孩子成了朋友，促进亲子关系，也自然地达到了教育孩子，提高孩子素质的目的。

一位母亲听老师说儿子基础知识薄弱，最大的毛病是不认真听讲，所以想知道儿子的具体表现。左思右想，决定当一回儿子的“同学”。当然她不能跑到学校去影响正常教学，于是向英语兴趣班的老师讲明情况，征得老师同意，与儿子一起听了半天课。

那天下午，妈妈一边注意老师讲课，一边悄悄观察儿子。发现需要全班学生一起读、写的项目，儿子都挺专心，可等到老师单独讲述时，他就开始心猿意马了。放学后，妈妈对他当天的功课进行查问，书上的简单例题基本能够掌握；换个句子就有点含糊，显然，这是没认真听讲的原因。当妈妈拿出自己上课记的笔记给儿子看时，儿子吃惊了：“同样是上课，您怎么记这么多笔记?”

“上课要认真听讲，老师讲的重点和规律性的东西，都要仔细听，仔细记。当然了，要做好这点，最好先进行预习，对自己不懂的地方心中有数，听课时就能有的放矢。”

儿子似懂非懂地点了点头。

"哦，儿子！妈妈单位也在搞补习，妈妈学过的东西像数学、英语差不多都忘了，你到时可得帮助我呀!"妈妈恳切地说。

儿子一听，来了精神："那您就是我的学生了?"

"是的，儿子是妈妈的老师。"

这下，儿子觉得负有帮助妈妈的重任，开始认真听课了。妈妈也每天"请教"儿子，弄得儿子觉得自己真得要好好学，要不，没法给妈妈当老师。

一年多过去了，儿子改变了上课不认真的毛病，基础知识学得也很扎实，明白了当初妈妈与他共同学习并要他为妈妈补习功课的真正意图。不过儿子经常很得意地对妈妈说："别老教训我，您还当过我学生呢!"

可见，父母与孩子之间是相互影响的，父母与孩子一起学习，一起成长，既能提高自己，又能及时纠正孩子的毛病，达到教育，提高孩子的目的。

专家建议

教育是一种双向行为，父母在家庭教育中，既是施教者，同时也是受教者，所以父母有必要去与孩子一起学习，一起成长。

(1) 父母要转变观念。不能总板着家长的面孔，居高临下地教育孩子，这样往往会阻碍亲子间的沟通，达不到教育效果。

(2) 父母应平等地对待孩子。孩子特殊的身心发展特点，决定了他们最少保守思想，思维灵活，有时家长应向孩子学习，能者为师。

(3) 教育孩子过程中要多一些赏识激励，孩子的进步要及时给予肯定。

2. 做孩子学习的向导

人们常说："孩子是在父母的影响下长大的。"孩子接触最多的人就是自己的父母，孩子成长中的每一步都能找到父母的影子。孩子自幼的良好生活习惯，包括早睡早起，注意卫生等，都是家长"引导"的；当孩子渐渐懂事，父母还应成为其学习，交友等方面的向导。

父母做孩子学习的向导，并不是指手画脚，呵责训斥。"向导"的作用是一方面给孩子学习"指路"，父母应及时去发现孩子的兴趣点，从孩子的意愿出发，教给孩子学习的方法、策略；另一方面则是给孩子学习"导向"，即在孩子学习迷茫，辨别不清方向时指明方向。这两方面是统一的，但"指路"着重于对孩子的培养，"导向"则着重于对孩子的纠正。

父母要做孩子学习的向导，首先自己要掌握科学的学习方法，要真正了解自己的孩子，这样才能更好地指导孩子学习，不断地激发孩子的求知欲望，不断让孩子得到提高。比如：指导孩子读书与预习要注重三点：知识点、重点和难点，那么父母应必须知道怎样找这"三点"。

家长的这种向导作用，不是包办代替。有的父母当孩子作业不会做时，就帮孩子做，这样不仅不能教育孩子，反而会让孩子滋生过分依赖的心理；也不要直接告诉孩子正确答案，这

样会限制孩子思考，父母更多的应是精神激励和启发诱导，使孩子养成良好的学习习惯。

一次，读小学的儿子要完成老师布置的一道自然常识课家庭作业：观察蚯蚓的特征。儿子问父亲："爸爸，蚯蚓有什么特征?"

"你观察了吗?"父亲没有直接告诉他答案，而是反问了一句。

"我还不知道蚯蚓长什么样子呢！咱家这儿又没蚯蚓。"

"那我们一起去观察观察吧。"

于是父亲带着儿子，骑车来到郊区的草地里，翻开土，找到了一条蚯蚓。

"儿子，你看到了吗？这就是蚯蚓。你仔细看看，再想一想它到底有哪些特征。"父亲指着蚯蚓，对儿子说。

"不错，蚯蚓是环节动物，书上就是这么说的。"儿子有点兴奋。

"蚯蚓贴地面的部分是毛茸茸的。"儿子接着说。

"不错，你观察得真仔细。再仔细看看，蚯蚓还有什么别的特征。"父亲鼓励儿子。

……

就这样，儿子对蚯蚓的特征有了深入而详细的了解，因为是自己去观察的，所以永远不会忘记；因为有父亲做"向导"，所以他对蚯蚓这种环节动物的知识掌握得较全面。而且，通过亲自观察，还能养成儿子学习自然常识的好习惯，多观察，多思考，用事实说话。可见，父母做孩子学习的向导，对孩子的学习将大有裨益。

但是在现实中，大多数父母对原来的学业大部分都已荒废，特别是随着孩子的长大，所学知识面越来越广，有些知识父母以前根本就没学习过，那么应如何去当孩子的学习的向导呢？

要教育孩子，父母首先要进行自我教育。对于已遗忘或没学习过的知识，父母自己首先要学习。通过自己学习，总结规律，这样才能当孩子学习的“向导”。父母要切记：不懂的不要装懂，这样会蒙蔽孩子，甚至会把孩子指向错误的道路。自己不懂的，可以请教孩子的老师，有时也可以请教孩子，与孩子一起商讨，以解决疑问。

父母做孩子学习的向导，最重要的是教给孩子学习方法，培养孩子良好的学习习惯。所以父母要注意多启发孩子思考，少为孩子包办代替；多传授一些方法，不必给孩子现成的答案。

专家建议

在学习方面，有时父母是不如孩子的；但对于学习的方向和方法，父母一般掌握得比较好。所以，父母做孩子学习的向导，也就能够给孩子“指路”和“导向”。

（1）父母要经常进行自我教育，自己努力学习，一切方法和技巧，都是在不断学习中总结出来的。

（2）父母遇到不懂的知识，自己要多问多思考，以实际行动来指导孩子。

（3）及时发现和培养孩子的兴趣，及时启发孩子思考。

(4) 指导孩子学习，不能操之过急，要多一些赏识激励，这样才能保持孩子持续学习的兴趣。

3. 让孩子成为学习主体

任何人都是自己的行为主体，都要对自己的行为负责任。处于成长过程中的孩子，由于年龄原因，在某种意义上还不能承担一定行为的责任，但在学习上，孩子则是任何人都无法替代的学习主体。不管父母采取何种教育方式，但最终决定孩子学习成绩的是孩子本身。所以家庭教育中，在对待孩子学习的问题上，应反对父母的包办代替。父母首先要给自己来个正确的角色定位：父母应是孩子学习方面的合作伙伴及向导。也就是说，父母应该让孩子成为其学习的主体。

父母让孩子成为学习主体，就必须尊重孩子的意愿，尊重孩子的个性发展特点，尊重孩子的作息时间，适时地引导与鼓励孩子，让孩子学得轻松，学得快乐，学出效果，学出成绩。

“小雅，你在干什么呢？”妈妈一边问，一边“嗵”地推开小雅房间的门。

小雅被这突然的推门声吓了一跳，没好气地说：“我在写作业呢！看被你吓的，本子都画了条长线，真是的！”

妈妈见她正在写作业，很满意，连“对不起”都忘了说，“好好写啊，别出错！”转身出去了，门也没关。

“歇会吧，吃点水果！”妈妈又进来了，还递上一个苹果。她发现小雅一直在为一道题伤神。“唉呀！这题你怎么能这么做呢？应该是这样的。”妈妈说着，把小雅手里的笔拿了过来，在作业本上写了起来。

“下面这题你会做吗？应该这么做。”妈妈又指着下一题说，并夺过小雅的作业本写了起来。

小雅不满了：“是我的作业还是你的作业？”

妈妈的包办代替，剥夺了小雅写作业的权利，也就没有让孩子成为学习的主体，这样久而久之，会让小雅失去做作业与学习的兴趣。父母没有给自己正确的角色定位，这对孩子的学习是极为不利的。

孩子是学习的主体，学习的主动权应掌握在孩子手里，孩子自己应积极主动地学习，要努力提高自己的自学能力；从自己的实际出发，制订符合自己的学习计划，掌握科学的学习方法；合理分配自己的时间；适时调整自己的情绪；上课认真听讲，积极思考，主动提问，养成良好的学习习惯等等。

学习是个漫长而艰苦的过程。如果没有想学的强烈欲望，缺乏学习的主动性，想取得好成绩，是不可能的。要把学习搞好，首先，要不断地端正学习动机，形成高尚、正确和长远的学习动机，不能朝三暮四，也就是要立志，有了远大的志向、理想，才能坚定不移地努力学习。其次，要掌握科学的学习方法，有符合自己实际的学习计划，合理分配自己的时间。除了上课要认真听讲、记好笔记等之外，这点很重要。学习的高效来源于方法的科学。科学的学习就要做到有张有弛，劳逸结合，能分步骤地实施和完成每一步学习计划。最后，要提高自学能力。通过努力，不断积累，提高自学能力，也就能够进行自我教育，这样才能做学习的主人，充分发挥学习主体的作用。

读小学时，车晓东就自学代数入迷，做了几千道代数题。在上海杨浦区小学数学竞赛中，获第一名。他发展得很顺利，被公认为是“高才生”、“尖子生”，有些飘飘然。作业不像从前那样认真，有点错误也不在意。就这样，他慢慢地退步了，升学考试，他没有考取重点中学。

失败是令人痛苦的，但也能给人以深刻的启迪。悲伤地哭泣后，在家人的帮助下，车晓东经过痛苦的反思，总结了失败的教训，横下一条心，决定要重做自己学习的主人。

从跨进杨浦区建设中学的第一天起，车晓东便在自己房门后贴了张“最佳作息方案”。

早晨：5:30 起床，长跑，读外语，背课文；

中午：回忆上午听课内容，做作业，午睡；

下午放学后：复习功课，做作业或看课外书；

晚饭后：完成作业，预习，自学；

晚上 8:30：听音乐或看课外书；

晚上 10:00：准时入睡。

中学 5 年，他严格执行这个最佳方案。平时他有总的学习计划，每次考前还制订小计划，注意查缺补漏和全面发展。由于坚持不懈的努力，他全面提高了学习能力。高三时，获得了全国中学数学联赛上海赛区的冠军。他还参加了在美国举办的“第三十四届数学邀请赛”，获满分，与另一名美国中学生并列榜首，为祖国争得了荣誉。同年，他还参加了本市、全国和国际数学、物理竞赛，连中“三元”，接着又夺得了当年上海市理科高考第一名的优异成绩。

学习是一个艰苦而漫长的过程，其间有失败、有挫折是理

所当然的，重要的是不能忽视学生是学习的主体，要想学出好成绩，还在于孩子自己。

专家建议

孩子是学习的主体，这一点父母和孩子都要有正确的认识。

(1) 100分父母，能给自己正确的角色定位，不会对孩子的学习包办代替、要做孩子的学习向导，指导孩子科学学习，合理安排时间。同时激励孩子不断进步，及时纠正孩子的不良学习习惯。

(2) 100分孩子，能把握自己学习的主动权。要有远大的理想，不能把学习当作是父母、老师交给的任务，主动、快乐、科学地学习，才能不断提高成绩，不断进行自我激励。

4. 兴趣是最好的老师

爱因斯坦说："兴趣是最好的老师。"

的确，当一个人对某事物产生浓厚兴趣时，就会对这一事物产生追求的冲动，这是一种无形的动力，是有志之士成才的重要心理素质之一。正是因为有这种动力作用，激发了他们的求知欲，从而努力去完成毕生所追求的事业，最终成就了无数科学家、艺术家、作家等。

学习知识过程中，如果索然无味、毫无兴趣，那么是不可能学好的。因为有兴趣，才有动力，才有求知的欲念。然而，兴趣不是天生的，它是在实践中不断培养并发展起来的。

刚出生不久的婴儿，会用小眼睛观察周围的人和物；不满

周岁，稚嫩的小手会到处乱抓。这是因为婴儿对这全新的世界充满了好奇。好奇之心，人人皆有。因为好奇，孩子可能会对大人问这问那；因为好奇，孩子可能会破坏新买的玩具；因为好奇，孩子也可能会一动不动地观看地上的蚂蚁……好奇是孩子获取知识的必要条件，在这基础上，才会产生对获取知识的兴趣，萌发求知欲。所以父母首先要做的是培养、保护、激发孩子的好奇心。

“飞机祖师”莱特兄弟孩提时代就对宇宙空间产生了浓厚的兴趣，每当看到夜空中高悬的圆月就想用手去摸一摸。他们常爬到树上踮起脚尖儿去摸月亮，结果好多次都被重重地摔了下来。爸爸知道这件事后，非但没有斥责他们，反而启发鼓励他们，希望他们将来制做一只大鸟，骑上它到天上摘下月亮。父亲的话给了小兄弟俩莫大的鼓舞，他们对太空的探索欲和兴趣更浓了。从此，一种“腾空摘月”的理想便在他们幼小的心灵里萌发了。他们渴望着早一天制造出这种凌云搏空的“神鸟”，骑着它去摘那又大又圆又亮的月亮。正是儿时萌生的天方夜谭的神话奇想，引导着他们走上了一条航空科学的道路。1903 年，在两兄弟的刻苦钻研下，人类首架飞机研制成功。

从“摘月”到真正的“飞天”，是一步多么遥远的跨越！莱特兄弟首先是出于对夜空中圆月的好奇，而去“摘月”。父亲适时地保护了他们的好奇心，并且激励他们将来做一只“大鸟”去“腾空摘月”，从而使他们产生了对太空探索的兴趣和欲望，最终使他们制成了世界上第一架飞机。

心理学研究表明：兴趣比智力更重要。在小学语言教学中，有人曾做过研究，把学生分成智力组和兴趣组。智力组学生的平均智商为120，但对语文阅读与写作不感兴趣；兴趣组学生平均智商为107，但对阅读与写作有着浓厚兴趣。一学期结束，兴趣组的总成绩比智力组高出很多。由此可见，保护孩子的学习兴趣，是提高学习成绩的关键。

100分的父母应该像莱特兄弟的父亲那样，积极培养、保护孩子的好奇心，适时激发孩子的求知欲，发现并保护孩子的兴趣点。

在学习过程中，学习兴趣与学习效果之间有着密切的联系。浓厚的兴趣可以使学生对学习充满热情，能主动克服各种困难，全力以赴地达到自己的学习目标。学习的过程又是一个复杂而艰苦的劳动过程，不可能像读小说、看电影那样轻松愉快。但是，对有学习兴趣的人来说，不仅苦中有乐，而且其乐无穷。获得诺贝尔奖的美籍华人物理学家丁肇中教授，把取得博士学位的时间从10年缩短为6年，当记者问他在学习中是否感到苦时，他回答道："哦，不，不，不，一点也不！我觉得很快活，因为我有兴趣，有急于要探索物质世界秘密的兴趣。""比如物理实验，因为我有兴趣，我可以两天两夜，甚至三天三夜呆在实验室里，守在仪器旁。我急切地希望发现我所要的东西。"这一点广大学生都有切身体会。比如解一道数学难题，在没解出来前，冥思苦想，愁眉苦脸，一旦解出来，则会眉飞色舞、喜形于色，心里的美绝不次于六月天吃雪糕，享受到了无穷的乐趣。接着解下一题时，也感到十分轻松。

可见，提高学习成绩，培养兴趣是关键。作为孩子应怎样培养自己的学习兴趣呢？

（1）要有积极的态度

学习是自己的事情，不是老师和父母交给的任务，要变“要我学习”的心态为“我要学习”的心态；每接触一门课程，不能有畏怯的感觉，从一开始就要注意培养对这门课程的兴趣，不要抱着索然无味的态度或厌倦的心理去打开书的第一页。

（2）用好奇心激发学习兴趣

好奇心人人都有。作为学生要十分珍惜和爱护自己的好奇心，带着好奇心去学习各科知识，带着好奇心去了解大自然，带着好奇心去观察社会，去探求未知的世界。多问，多思考，这样有助于激发自己的学习兴趣。

（3）用成绩来提高兴趣

每一个学生都应结合自己的实际制定恰当的学习目标，达到了目标，心理上就会感到满足，学习兴趣也随之提高。实践证明：学习有多大进步，兴趣就有多大提高。所以要注意对比自己的成绩，看到自己的进步。

（4）将知识运用于实际来强化兴趣

当自己能够应用所学知识来分析问题、解决实际问题时，便会体验到掌握知识的乐趣。学过的知识在实际中应用得越多，求知欲便越强，学生兴趣便会更加浓厚。所以，学过的知识，不能仅仅装在自己的脑袋里，还要积极运用到实际中去。

（5）要注意兴趣的持久性和广泛性

学习是一个长期的过程，对学习的兴趣，不能朝三暮四，要想学有所成，就必须对学习有持久的兴趣。这样才能不断激发自己去探索未知领域，获取一次次的成功。

同时，注意培养自己广泛的兴趣，可以开阔眼界，激活思维，有利于拓宽知识面，创造性地学习。当然，这里的广泛，不是漫无边际。要注意处理好“博”与“专”的关系，要根据自己的具体情况，有针对性地培养自己的兴趣爱好，然后再带动其他学科前进。

100 分的孩子不仅要有持久而广泛的学习兴趣，而且还应善于培养、激发、提高和强化自己的学习兴趣，将兴趣化为求知的动力，快乐地学习，最终将其转变为毕生的理想和志趣。

专家建议

孔子说：“知之者不如好之者，好之者不如乐之者。”兴趣是学习的挚友，孩子只有对学习感兴趣，才能对学习产生乐趣，才能学好。

（1）100 分父母，能明白孩子对学习的兴趣往往开始于好奇。100 分父母会注意保护孩子的好奇心，当孩子提问时，会简明而具体地给予满意的答复，不会厌烦。同时会注意激发孩子的好奇心，带孩子接触广阔的世界，多启发孩子思考，这有利于培养孩子的学习兴趣。

（2）100 分孩子，会从自己的实际出发，以积极的态度，培养自己广泛而持久的学习兴趣。同时，珍惜和爱护自己的好奇心，从而激发兴趣；不断提高成绩，从而提高兴趣；将所学知识应用于实际，从而强化兴趣。

5. 用思考打开智慧之窗

猴子正在河岸边的树上玩耍，一只鳄鱼游过来，对它说：“你想去对岸玩吗？那边有许多香蕉。”

“哦，香蕉！我爱吃香蕉。我想去对岸。”猴子心想。便对鳄鱼说：“我想去对岸，可我去不了。”

“我可以把你背过去，快来吧！”鳄鱼慷慨地答道。

于是猴子坐在鳄鱼背上，心里想着香蕉的美味。行到河中间时，鳄鱼说：“我饿了！”

猴子说：“等一会儿咱们一起去对岸吃香蕉吧。”

鳄鱼恶狠狠地答道：“对岸没有香蕉，我也不爱吃香蕉，我要吃了你的心。”

猴子这才知道上了鳄鱼的当，但它没有惊慌，而是镇定地对鳄鱼说：“对不起，鳄鱼先生。我在树上玩时，怕把心弄丢了，把心放在树上，刚才忘了带过来。我们现在就回去，我把心拿下来给你吃，行吗?”

愚蠢的鳄鱼又将猴子背了回来，猴子迅速回到树上，对鳄鱼喊道：“鳄鱼先生，接着！”

鳄鱼张开口，一嚼，原来是块石头。

看完这则寓言，我们不禁为猴子的机智与聪明而欣喜，它不仅用智慧摆脱了险境，而且还惩治了敌人。其实，聪明不是人特有的，只要父母能够培养孩子开动脑筋，勤于思考的习惯，同样能让你的孩子开启智慧的天窗，遇到难题，一定能找到解决的办法。正所谓：“智者千虑，必有一失；愚者千虑，必有一得。”

“猴子自救”告诉我们：在危急关头只要能够克服恐惧的情绪，充分开动脑筋，认真思考，就一定能想出办法挽救自己。

孩子在学习的过程中，经常会遇上各种各样的困难，不可能是一帆风顺的。作为父母应该让孩子知道，遇上这些“鳄鱼”的时候，畏惧、烦躁是解决不了问题的，必须潜心于思考解决问题的办法。只要能专注于思考问题本身，就自然会忘掉自己所处的环境，从而克服不良情绪，充分发挥自己的智慧。

著名教育家苏霍姆林斯基说：“你首先要把自己培养成善于思考者，你才能体会和认识到学习是一种幸福，是一种智力活动。”让孩子在学习过程中，开动脑筋，认真思考，才会真正体会到学习的快乐。学习是一个积极思考的过程，思考应该贯穿于整个学习过程的始终。

父母应该让孩子理解在校学习可简单地分成三个阶段：课前预习，课堂听讲，课后练习和复习。课前预习时，要思考知识点有哪些：重点、难点分别是什么？哪些问题通过预习尚未弄懂？这样带着问题走入课堂，听课更有效率；课堂听讲必须思考，对同一问题自己是怎么想的？老师又是怎样讲的？对老师所讲的问题要多问几个为什么，要善于从不同角度，不同侧面去分析和理解，将问题加深和拓宽。要敢于质疑问难，养成提出问题的习惯；课后练习和复习，也要积极进行思考，解题时思考同一道题还有哪些解法，培养自己多角度思考的能力，复习时思考学了些什么，什么是重点，什么是难点，前后知识是如何衔接的等。100 分父母往往让孩子积极思考，这样可以提高学习的主动性，能够培养锻炼良好的思维品质，有利于培养创造性思维，同时还有助于培养想象力、分析力、辩驳力、判断力，从而启迪智慧，有助于将来更大的创造。可见，思考有着无穷的力量。

刚学了乘法的初步知识，老师要求把连加算式“3 + 3 + 3 + 3”改写成乘法算式。小明仔细想了想，这儿有 4 个 3 连加，那

就可以写成“3×4”了。但他的思考并没有就此停下来，他接着思考：如果把算式中的3换成其他数字，不是4个连加又会怎样呢？所以他据此改成了“5+5+5+5+5+5+5”，写成乘法算式是“5×7”，即有7个5连加。紧接着，他又进一步思考：如果不是相同的数连加又会怎样？据此他想到了两种情况，一种如“6+6+6+3”则可改成“3+3+3+3+3+3+3”，写成乘法算式就是“3×7”；另一种如“4+4+4+3”，因为3与4之间不能像6与3之间存在倍数关系，因而不能把这种算式改成乘法算式。

小明通过思考，不仅加深了对乘法意义的理解，而且培养了自己灵活运用新知识去解决新问题的能力，创造性地发现了改写乘法的规律。这就是思考的巨大作用！

这使我们想起了数学家高斯童年的故事：

一天，快放学了，孩子们兴奋极了，欢蹦乱跳起来，拍桌子摔凳子乱作一团。老师非常气愤，把他们留了下来，并且要求他们从1一直加到100，计算出结果。孩子们有的东张西望，有的不停地写着算着。这时小高斯站起来问老师：“老师，我算出来了，我可以回家了吗？”

老师惊奇地问：“你真的这么快就算出了吗？”

“是的，老师。”小高斯自信地答道。

“那你是怎么思考的？”老师忍不住问道。

于是高斯在黑板上写下了下面的算式：

1+2+3+4+…+100=(1+99)+(2+98)+(3+97)+…(49+51)+50+100=50×100+50=5050

老师惊异地看着，顿时豁然开朗。在当时数学尚不发达的时代，老师只不过想惩罚一下这群顽劣的学生，却不料高斯独立思考，想出了这个当时老师都没能找到的简便手法。看来，思考的力量真是够大的！

独立思考，能够启迪智慧。作为100分父母想要培养孩子的独立思考能力，首先，要让孩子克服思考前的畏难情绪，不能浅尝辄止。对待任何问题，首先都要进行思考，才能找出解决问题的方案。如果看到问题就认为难，只能让问题越积越多，最终会影响自己对任何知识的学习。其次，要让孩子克服对老师和父母的过分依赖心理。老师和父母并不是科学和真理的化身，他们有时也会出现差错，所掌握的知识也不可能面面俱到。如果一味依赖老师和父母，则会妨碍自己独立思考与创新能力的培养。再次，让孩子遇事多问为什么，引导自己思考，思考力求多角度，有针对性。最后，要让孩子多观察，观察才能发现问题。

100分孩子肯定是勤于思考和善于思考的孩子。思考就是智慧的闪光，是开启智慧大门的钥匙。

专家建议

孔子说："学而不思则罔，思而不学则殆。"指出了学习与思考的辩证关系。学习过程中离不开思考，思考是为了促进学习。正在接受学习的孩子，要勤于思考，善于思考。

（1）思考要勤，看到问题不能有畏难情绪，浅尝辄止永远不会提高学习成绩。

（2）独立思考，不能过分依赖老师和父母，否则会局限自己的思维。

（3）善于思考，敢于提出问题，多角度地去观察、思考问题。

6. 用练习提升成绩

卖油翁将油从一个容器倒入另一个容器时，能使油通过小小的铜钱眼儿，而不溢出一滴。人们惊奇地问他为什么时，他说："无他，惟手熟耳！"意思是说，这没什么了不起，只不过熟练罢了。这就是熟能生巧的典故。

在生活实际中，我们也会有这种经验。比如：当我们初学骑自行车时，见到路上人多，就也不免会惊慌失措；当我们熟练了以后，不仅能够载人或者载货，而且还能一边骑车一边与人聊天。这是熟能生巧的缘故。

要想"熟"和"巧"则必须"练"。正如一支素质高、战斗力强的军队来自于日常的艰苦训练一样，一个学生要搞好学习，经常练习是必不可少的。

学习任何知识，目的都是为了在实践中得到应用。所学知识要能运用于实践，则必须熟练掌握这些知识，在熟练的基础上才会活用巧用。这是一个从知识到能力的跃迁过程。实现这一跃迁的必备条件就是经常练习。

首先，通过练习可以及时检查学习效果。

如果练习做得很顺利，那么在一定程度上可说明这一部分知识掌握得还可以。相反，则说明该部分知识没有掌握好，需要及时查找原因。

其次，通过练习，可以加深对知识的理解和记忆。

练习是对知识的具体运用，以便更加准确、灵活和充实地掌握知识，使新知识不再是一种空洞的条文或死板的公式，从而“消化”知识，加深对知识的理解和记忆。

再次，通过练习，还可以提高思维能力。

通过练习，发现了问题，就会积极地思考。在分析问题和解决问题过程中，不仅巩固了新学知识，而且能锻炼思维，提高思维能力。

最后，通过练习，还能锻炼克服困难的毅力。

在练习过程中，可能会遇上难题，但经过思考和努力，从而攻克难关，增强了学习的信心，提高了学习兴趣，还可以磨炼意志，锻炼出克服困难的毅力。

可见，练习对学生有十分重要的作用。在练习过程中，又必须注意以下问题。

（1）练习要有针对性和科学性

练习要针对必须掌握的知识，要随知识的深入而加深，这样才有利于巩固知识，提高能力。要注意处理好“量”与“质”的关系。

（2）要独立、认真地进行练习

“独立”就是要亲自动手，自己思考，自己解决，自己完成。

“认真”则指在练习过程中要仔细思考，不能有依赖心理，力求解题准确、规范，这样才能达到练习的效果。

（3）练习后要注意检查，及时校正

检查练习是为了发现错误，发现了错误可以自己仔细思考重新解决，也可以请教老师、同学。发现错误，一定要及时校正。可以编写“错题集”，来对练习进行总结，这是降低错误的有效方法。

但在学习过程中，许多孩子往往轻视练习，认为自己对知识已经掌握，无需练习。所以在真正进行解题或测试时，经常会出现眼高手低的现象。此时，作为父母，要帮助、指导孩子去独立完成家庭练习。

三年级的学生阳阳在家完成作业的最后情景经常是这样的：匆匆忙忙地、飞快地将作业写完，不管对错，将笔往桌上一扔，像离开魔窟一样，迅速地离开书桌，跑向电视机前或奔向门外。

书桌上，摊满了他的作业本、课本以及铅笔、橡皮等。

通常是妈妈先将书桌整理好，将课本、文具盒等一一放入书包，然后再认真地将他的作业从头到尾检查一遍，用铅笔将错误的地方勾出来，再等他回来改正。

通常他的作业总会有错误，而且不会太少。而对于妈妈指出的错误，他想都不想，也不问为什么会出错，拿过来就改。不过，改过的还是错的。当他再被叫过来改错时，他极不耐烦，大声嚷着问："你说该怎么做？"于是妈妈只好教他应该怎么做。

写完作业，并不意味着练习的完成。事实上，检查练习是完成练习的一个重要步骤，而阳阳的这项工作却由妈妈承担了。这样一来，阳阳每次作业都是着急地完成，对自己的练习毫无责任。

孩子是学习的主人，练习应当由孩子自己独立完成。作为父母，即使要检查孩子的练习，也应当与孩子一起检查，某些问题应当让孩子说明是否正确，要让他说明自己的理由。对孩子作业中的错误，不要表达自己的修改意见，建议孩子自己去重新独立思考。还有，最好放手让孩子自己去检查作业。

100分父母往往会注重让孩子养成独立自主的意识，对待孩子的练习也不例外。即使孩子在练习中，出现了错误，也只是指出错误，让孩子独立去校正。孩子真正做不出来的，只是点拨、提示，而不是给出答案。

100分孩子会在练习中自己思考，自己检查练习，在复习知识的基础上，对错误练习进行校正。同时，遇到不会的问题，首先是想到自己想办法解决，真正自己解决不了才会向人请教。

专家建议

练习是搞好学习的重要步骤。父母和孩子都要予以重视。

(1) 父母不能剥夺孩子进行练习的权利和义务，要指导孩子逐步学会独立自主地进行练习，检查练习和校正错误。注意：指导不是代替，不是给出答案。

(2) 孩子是学习的主体，练习应该独立自主地完成。练习要针对于必须掌握的知识，不是越多越好。练习要认真思考，独立完成，还要适时检查，发现错误及时改正。弄不明白的问题要多向老师、同学、父母请教。

7. 学习需要循序渐进

学习是一项探索性活动，不是单凭一己的爱好、苦学就能学得好。爱好、苦学是必要的，但在学习过程中，尊重学习活动的规律性更是十分重要的。学习是个由浅人深、循序渐进的

过程，总不能一口就吃个胖子。这一点，父母和孩子都必须清楚。

在现实中，许多父母盼望子女成才心切，一味强调孩子要努力学习，为此，限定孩子一天必须做多少作业，背多少单词，否则不准出去玩等等。有的父母为了要孩子好好学习，还专门抽出时间监视着孩子，只要孩子稍有动静，便恶语斥骂，或者唠唠叨叨。这些父母的出发点虽然是好的，但这种不尊重学习规律的强迫式学习，无异于拔苗助长，只会使孩子越学越糟，导致其厌学，不利于孩子的身心健康发展。

孩子是学习的主体。在对待孩子的学习上，父母不应只关注孩子的考试成绩，而应注意怎样才能提高孩子的学习能力，成绩只能代表某一阶段孩子的学习情况。为此，父母在孩子学习方面，应多加启发和诱导，多一些赏识激励，闲暇时带孩子出去玩玩。生活中处处都能学习，不应把孩子死死地捆在书本上，可以试着与孩子一起去制订学习计划，让孩子科学、合理地安排时间，从孩子的实际出发来提高孩子学习的层次，这样既能增强孩子学习的自信，又能促使孩子自立。何乐而不为呢？

周婷婷是个普通的聋儿，但父亲周弘却要让她相信自己是天才。于是，他就在女儿课桌的玻璃板下压了一张《天才儿童行为表》，假如婷婷看书忘了吃饭睡觉，他就马上指着表上的第一条对女儿说：“你看，这上面写着，看起书来废寝忘食，你不就是这样的吗？你不是天才，谁是天才？”

在平时的学习中，周弘专门找孩子的优点，然后有意识地把星星之火点燃扩散使其成为燎原之势。

有一次他让婷婷做应用题，十道题只做对了一道，有的家

长此时巴掌也许打过去了。可是，周弘不但连一声责备都没有，而且在做错的题目上不打叉，只在对的地方打了个大大的勾。然后周弘边打手势边发自肺腑地说：“婷婷，你太了不起了！第一次做应用题就做对了一道，爸爸在你这么大的时候，碰都不敢碰。”

婷婷听了这话，自豪极了，越来越喜欢做应用题，一次比一次对得多，考初中时，婷婷的数学得了99分。

在后来的日子里，周弘一直用赏识教育给了婷婷许多积极的暗示。16岁那年，婷婷考取了辽宁师范大学，成为我国第一个聋人少年大学生。

正是这种积极的赏识激励，才使一个聋儿成为了大学生。正是有这种赏识激励，才使孩子找到了自信，从而改变了对学习的认识，变任务为乐趣了。

父母要孩子认真学习，就不能把学习当作任务交给孩子。要从孩子的实际出发，多加启发诱导，赏识激励，让孩子体会到学习的乐趣。这样，孩子就会把学习当作快乐的事情。

100分父母一定会认识到学习是个循序渐进的过程。要提高孩子的成绩，首先要符合学习活动的规律性，从学科特点和孩子的实际出发，帮助孩子，引导孩子，使孩子体会到学习的快乐。

荀子说：“不积跬步，无以至千里。”学习是循序渐进的过程，学生在学习过程中要注意不断积累知识，积少成多，才能有更大的进步。有些孩子认为完成作业后，拿几道综合题做做就万无一失了。其实这种貌似掌握知识的做法会导致学习上的恶性循环，使知识的漏洞越来越大，有百害而无一利。所以，

在学习上，要从小做起，从点做起，由点到面地全面掌握知识，这是提高成绩的根本所在。

阿鸣是个成绩不错的学生，可就是有点马大哈。本来凭他的能力，他可以学得更好的。他对书本上的知识点可以说是一看即会，但要问起某些公式，他可能会瞠目结舌。

中考中数学考试，一个简单的公式把他给卡住了。本来，这道数学题并不难，如果把课本给他，看看公式，不用5分钟他便可解出这道题的。但这是在考场上，他只得从其他定理公式绕道而行，足足花了半个多小时，影响了解其他的题目。中考成绩揭晓，他以5分之差而与重点高中无缘。

从这里可以看出，不扎实学好基础知识是无法取得好成绩的。基础知识是点，点虽然小，但却可构成任意大的平面。尊重学习规律，首先要注意积累基础知识。

另外，在学习方法上，要灵活机动，从自己的实际出发，不能刻意模仿他人；在学习计划上，要与时俱进，紧跟变化着的实际，不能生搬硬套，不懂变通；在学习深度和广度上，要把握所学知识的系统性和相关知识的外延，不能东一榔头西一杠子；在学习内容的复习和练习上，要结合实际，突出重点，不能眉毛胡子一把抓。

学习是循序渐进的过程，100分孩子，要搞好学习，千万不可急躁，否则欲速则不达。要注意积累知识，打下扎实的基础，用符合自己实际的学习方法来学习，这样才能提高成绩。把学习当作是快乐的事吧，你一定会陶醉于其中的乐趣！

专家建议

学习是一项探索性活动，有其自身的规律，同时各人有各人特殊的情况，父母、孩子对此都应有正确认识。

(1) 父母在对待孩子学习时，要多加启发诱导，让孩子想学，要多一些赏识激励，让孩子有信心学好。不要操之过急，想一口吃一个胖子。要懂得万丈高楼平地起。

(2) 孩子是学习的主体，要懂得循序渐进，精心从点滴做起。平时学习中，要注意积累知识，打好基础，掌握适合自己的学习方法，合理、科学地安排学习时间。

童言无忌

跟我学

父亲在邻家打牌，见儿子在一旁观战，便大声吆喝道："去！回家学习去！"儿子听话地走了。

父亲打完牌回家，看见儿子和邻家的孩子也在打牌，不由大发雷霆："谁叫你打扑克的？"

儿子莫名其妙地说："爸爸，不是你叫我向你学习的吗？"

处女作

一天，儿子问妈妈："'处女作'是什么意思？"

"这也不懂？就是未婚妇女的作品。"姐姐抢着回答。

妈妈说："不对。处长老婆写的文章叫处女作。"

"你们都说错了。"爸爸立即纠正说，"它是一位有名的女作家——肖楚女写的作品的简称。"

心锁还须用心开

——关注孩子的心理健康

心理健康是100分孩子的一个重要方面。孩子的心理问题是一把沉重的锁，会严重影响孩子的生长发育。面对心理有问题的孩子，100分父母能给予孩子关爱并合理疏导，从而打开孩子的心锁，使孩子健康成长。

童言无忌

读书破万卷

父亲正剪从图书馆借来的画报。

儿子：“爸爸，你怎么都剪破了？”

父亲：“你懂什么，这叫‘读书破万卷’嘛。”

汉水发源地

地理课上，老师说：“上节课讲了长江的地理位置和它的几大支流，现在提问一下，长江的支流汉水发源在哪里？”

这时，有个同学思想开小差，没听见老师问什么，又怕老师提问他，因此把头低了又低。可老师偏偏点了他的名，急得他头上的汗珠滚到脸上。老师见他不作声，又问：“你说说，汉水发源地在哪里？”

“汗水？这我知道，汗水发源在头上。”

1. 心理问题是隐形杀手

据有关专家的调查研究表明：我国目前有相当数量的孩子存在心理问题，小学 21.30%、初中 22.76%、高中 28.72% 的学生表现出情绪和行为紊乱。据调查，某中学 1 225名学生中 88% 的人都被不同程度的抑郁、孤独、焦虑、自卑、迷惘等情绪困扰。这些数据给人们敲响了警钟：孩子的心理问题普遍存在，如果不及时采取有效措施，将会引发人才危机和社会危机！

一个心境烦闷、情绪低落的人不可能有勃勃的兴致和充沛的精力去从事工作、学习。如果长期被心理问题困扰，要么可使人崩溃，要么便使人以过激的方式发泄内心的压抑。孩子正处于身心发展的特殊阶段，心理问题是其健康成长的隐形杀手。

江丽是一名初二女生，由于她学习认真，成绩优秀，待人宽厚，深得老师和同学喜爱。刚进初一，班主任便委以重任，让她担任班里的学习委员。第一学期期末考试，该班学生的学习成绩不太理想。班主任老师找到她："江丽同学，你是班上的学习委员，你学习又好，要协助老师提高咱班的成绩呀！"江丽高兴地点着头。

初一第二学期里，江丽不仅自己努力学习，而且还主动帮助班里的同学。同学们只要有不懂的问题，她都会抽出时间去帮助。可是，一学期下来，班上的总成绩还是不够理想。因此，她认为自己没能完成老师交给的任务，整天为此焦虑不安。

转眼到了初二上学期了，江丽帮助同学更加卖力了。由于长期的焦虑，她明显地消瘦了，以前活泼朝气的脸上没一点水色。父母见到她瘦了，只是给她不断地补充营养。由于长期的焦虑，影响了她的成绩。但她没有泄气，依旧努力着。期中考试结果刚出来，她便哭了。因为全班的成绩还是不见起色。

一天放学回家，她对妈妈说："我不想活了……"还没等她说完，妈妈就打断了她的话："小孩子瞎说什么？咱家条件这么好，你学习又棒，干吗不想活？别瞎说！"于是，她欲言又止，但内心的压抑却无法摆脱。

又一天晚上，她在爸爸，妈妈面前又说："我实在活不下去了……"这次倒好，爸爸妈妈一起让她别瞎说。她焦虑着、忧伤着，在一天晚上，服下了十多粒安眠药，幸亏剂量小，抢救及时，不然后果不堪设想。

江丽就是由于心理问题无法宣泄才产生了死亡的念头，这是多么可怕的事实！江丽如果不是以自杀这种方式渲泄内心的焦虑，父母或许永远不知她内心的苦闷与压抑。

所以，父母万万不可忽视孩子的心理健康！因为心理健康不仅影响孩子的生理健康，影响孩子正常的生长发育，而且还影响孩子的个性品质和对社会的适应性，影响孩子潜能的发挥，甚至影响孩子的生命。心理健康是直接关系到孩子是否成人成才的大问题！

为了关注孩子的心理健康，决不可忽视心理问题。因此，父母应该多关注孩子的日常行为表现，经常与孩子沟通，做到及时发现，及时治疗。一般来说，孩子的心理问题都会通过孩子的语言、行为等表现出来。一个心理健康的孩子必定会有良好的行为习惯，与他人友好相处，乐于交往，求知欲也强，爱动脑子，积极向上。

专家建议

孩子的心理问题往往被大人忽视。其实，一个健康的孩子，除了要有强健的体魄外，健康的心理也是必不可少的。一个心智健全的人才有可能获得进一步发展，因此，孩子的心灵需要父母的呵护，孩子的心理健康需要父母的关注。

(1) 父母首先要明确孩子心理健康的重要性，它不仅直接影响孩子的生长发育，而且影响到孩子将来是否成人和成才。

(2) 父母要多关注孩子的日常行为，从行为上判断孩子是否有心理问题，做到及时发现，及时治疗。

(3) 父母要经常与孩子沟通，防止孩子出现心理问题。孩子的某些轻度心理问题，父母通过与孩子沟通，及时疏导，是完全可以解决的。

(4) 父母在与孩子沟通时，要让孩子把话说完，不要随意打断，压抑孩子情感情绪的抒发、宣泄。

2. 不良家教方式影响孩子心理健康

一般父母往往只重视孩子的身体健康，生病了忙着看医生、吃药打针；为了防病，只要有疫苗，花多少钱也在所不惜；日常生活中也十分注重孩子的营养，却很少有父母会关心孩子的心理问题。这主要是由于父母的心理知识贫乏，不了解孩子。在父母眼里，孩子永远是孩子，没有感情，没有个人意识，没有独立的思维，有的甚至还不知道心理医生是怎么回事。

国伟是一名上进心极强的孩子，可刚上初三时，突然得了一场怪病。无论怎样打针、吃药，高烧老是不退。爸爸、妈妈焦急万分，整天陪在医院里，轮流守护。为使孩子多吃些东西，妈妈、奶奶费尽心思做出各种可口的流质食物。在爷爷、奶奶、爸爸、妈妈的精心护理下，在各种中西药的作用下，经过医生治疗，一月后国伟终于康复出院，一家人如释重负，这才露出了笑脸。

然而，由于生病一月，落下了许多功课。第一学期期末考试，他的成绩明显落后了。特别是语文和英语的考试成绩，只有70来分，国伟心里为此闷闷不乐。这在过去是从未出现过的，他的语文和英语至少都是80分以上。一次他把不乐的心情对妈妈透露了，妈妈安慰他说，你这是第一次考这样的分，别担心，用心学，你一定能考好的。

但从此后，国伟的心情一直很忧郁，很失望，很悲观，觉得自己不行，难以考上重点高中，因而不大想干事了。第二学期的期中考试要到了，妈妈变换着花样给他做好吃的东西，以调剂他的胃口，但并没有改变他抑郁的心情。爸爸根本就没在意过他的这种情况，后来还是老师建议爸爸带他去找心理医生咨询，他才得到了心理指导，逐渐恢复了健康的心理，学习也有所好转。

国伟的父母对于他生理上的疾病和心理上的疾病的重视程度显然是不同的。事实上，家长总是忽视孩子的心理健康。

孩子的心理健康，直接影响到孩子的身体健康，影响到孩子正常的生活和学习，是关系孩子是否成人与成才的大问题。而孩子的许多心理问题，探究其根源，都可追溯到父母的家教方式上来。父母长期忽视孩子的心理问题，但在另一方面望子成龙心切，往往对孩子期望值过高，对孩子要求越来越严。再加上学校方面的压力、同学关系以及其他人际关系的影响，孩子承受着与其年龄不相称的各种压力，而与他们最为亲近的父母却不能帮他们排遣压力。当他们想要宣泄内心的苦恼、无奈时，却被父母以“胡闹”、“瞎说”等堵住，他们幼稚的心灵面对从未有过的苦闷，难免会以各种过激的行为来寻求解脱。通过大量的个案分析也发现，孩子的心理问题，都直接或间接受到家庭和父母家教方式的影响。所以，要让孩子的心灵健康成长，父母有必要从家教方式上去想办法。

小玉出生在一个三代单传的家庭里，用他父亲的话说就是“千顷地一根苗”。因为是独生子，父母、奶奶都宠着他，在家里他俨然是位“小皇帝”，想干什么就干什么，谁也阻挡不了。他要的东西谁若不给，轻则撅嘴摔东西，重则不依不饶，抓起东西就砸谁。

一天，5岁的小玉用一根尼龙绳子拴住小猫玩，谁知拴得不牢，小猫逃走了。任性、骄横的他玩兴未尽，要把绳子套在奶奶的脖子上玩。70岁的奶奶让他拴手拴脚，可他就是不同意，非得套在脖子上，老奶奶一向对孙子百依百顺，这时也耐不住孙子的哭闹，便又迁就了小孙子。谁知打的是个活结，小孙子一拉，便紧紧勒住了奶奶的脖子。老奶奶突然感到气闷难忍，挣扎起来，滚倒在地，双手乱摆，却说不出话来。小孙子

从没见过奶奶在地上打滚，越发觉得好玩，便使劲拽住绳子不放，直到老奶奶不动弹，才松开手跑到屋外玩去了。等到爸爸回家，见老母亲倒在地上，赶快去扶，谁知触手冰凉，老母亲的心脏已停止了跳动。

小玉的这种自私、偏执的心理是他的家庭造成的，这场悲剧的发生与奶奶、父母对他的溺爱、娇纵是分不开的。在中国的家庭中，父母爱孩子只重视外在的关心，却忽视了对孩子心理健康的关注，使得一些孩子只知道享受爱却不知道奉献爱，自私、冷漠、依赖、懒惰与软弱吞噬着他们。这种教育方式不改，只能"抱大一代"的孩子成人都难，又怎能谈得上成才？

另外，由于传统思想的影响，中国人历来信奉"棍棒底下出孝子"，父母对孩子普遍寄予了过高的期望，当孩子稍不如意，特别是孩子成绩不理想时，有些父母不是唠叨不休，便是打骂相向，这种粗暴的教育方式只会摧残孩子的心灵。而当孩子有进步时，父母往往只知层层加码，却很少有赏识的话语，对孩子实在不公。

家庭教育的重要功能之一是疏导孩子的心理。孩子的生活大部分是在家里度过的，每个孩子的心理态度、心理品质、心理特点、性格以及行为方式的形成与家庭环境和家庭教育有着直接的关系。家庭教育方式影响着孩子的心理健康。

当孩子的心理问题刚刚显露时，父母切不要忽视，应细细思索一下你的家教方式，并且转变你的家教方式，从原因上着手解决孩子的问题，让孩子的心灵健康成长。

专家建议

家庭教育方式直接影响到孩子的心理健康，而孩子的某些心理健康问题可以通过父母的疏导、教育治愈，所以，父母必须改变不正确的家教方式，让孩子的心灵健康成长。

(1) 父母要经常与孩子沟通，常与孩子的老师联系，及时发现孩子的心理问题，及时解决，不要等到酿成苦果再去追悔。

(2) 父母要做孩子的倾听者。当孩子吐出了心里的不快时，某些心理问题也可能就清楚了，而某些问题也许只要父母简单点拨、疏导，孩子就能够脱离“心魔”的困扰。

(3) 营造和谐的家庭环境，让孩子的心灵健康成长，防患于未然。

3. 化解孩子的逆反心理

随着孩子一天天长大，许多父母感觉到“孩子越来越难管了”，凡事都与父母对着干。父母让他干什么，他偏不干；不让他做的，他却偏要做，有时甚至无理取闹，父母让他往东他偏要往西，犯了错误也不肯承认，对父母的批评教育表现出极大的不服气等，实际上这些都是孩子对父母产生的对抗性的消极心理，心理学上称之为逆反心理。

孩子逆反心理的产生，首先是因为“孩子长大了”，特别是进入青春期，思维方式由童年时的形象思维，逐渐变为以抽象思维为主的逆向思维、多向思维或发散思维等，“自我意识”逐渐清晰，“独立意识”日益强烈，他们迫切希望摆脱成人的监护，处处想要体现“自我”的存在。他们反对父母把自己当作小孩儿，在主观上以成人自居，但他们的世界观尚未成熟，缺乏自我克制和分辨是非的能力。于是，他们通过和父母对着干体现自我，变换着方式宣布自己已经长大成人。

其次，孩子逆反心理的产生，是由于教育不当所造成的。孩子日渐长大，进入自我意识迅速发展的阶段，对外界充满着好奇心，求知欲旺盛。然而家长或老师对他们的行为难以理解，冷漠视之，或者横加制止，甚至给予处罚，使孩子感到压抑；有些家长对孩子期望过高，当看到孩子的表现和他们的期望有差距时，就对孩子横加指责，这不行，那也不好；当孩子稍微做得令他们不满意时，就会斥骂、惩罚，这样孩子就产生了对立情绪，以对着干来回答父母。

对于孩子的逆反心理，应该正确认识。一方面，孩子产生了逆反心理，说明孩子长大了，他们的逆反有时可以说是一种成熟的标志。因为他的人生不属于父母，只能属于他自己，他要靠自己；另一方面，孩子毕竟还没有真正成熟，他们的世界观还未真正定型，判定是非曲直还有很多的个人色彩，所以对孩子的逆反心理必须合理疏导。不能听之任之，否则可能导致孩子病态的人格；也不能粗暴制止，强行压制，否则会加剧孩子的逆反心理，将他们推向另一个极端。

李黎 15 岁，从小就很聪明，在家是好孩子，在学校是好学生。可近来不知怎么搞的，好像对什么都看不顺眼，容易发怒，还老爱挑老师和父母的毛病。

一天上英语课，老师在黑板上写错了一个字母，他马上站

起来大声嚷道："错了，错了！"老师知道自己写错了，马上改了过来。但李黎还是不依不饶："老师，你知道你的错会给我们造成多大的影响吗？"正在讲课的老师一愣，随即当着同学们的面道歉了。大概是急于讲课吧，老师忘了表扬他，李黎撅着嘴，趴在桌上。一会儿他见到同桌坐在那里打瞌睡，头一点一点的，像鸡啄米似的。他迅速地取出一支毛笔，蘸了些墨水，伸到同桌的课桌边。同桌的头一点，嘴被墨水涂上了，突然惊醒，骂道："干吗呢？"同学们"哄"地大笑起来，教室里乱了起来，老师脸气得黑黑的："你不想上课就滚出去！"他真的背起书包走出了教室，把老师气得僵在那儿。

第二天，他不想去上学了。爸妈好劝歹劝总算是劝到了学校。班主任把他昨天的事说了，爸妈又带着他到英语老师那里道歉。因为上课了，老师没说什么，只是让他去教室上课，以后好好学习就是。不过，课后班主任严厉地批评了他。

这样他越发觉得不如意，下午放学，一头钻进卧室，拿起枕头就往地上摔，发泄着内心的不满，却意外地发现了一封信。他打开信，上面写着："黎黎，我了解你对目前的生活感到不满。我也知道父母和老师不一定什么都对，但我们对你的爱是全心全意的，你所说的，所做的任何事都不会改变爸妈爱你的心。昨天英语课上，老师说他没能及时表扬你是他的错，但你不该以那种方式表达你的不满。任何时候，你心里有什么话想找我们谈，我们永远欢迎。请记住，无论你身在何处，做什么事，我们都永远关心你。爱你的爸爸妈妈。"

在以后的日子里，只要李黎情绪波动时，他的床边总会出现父母这样的一封信，他的心逐渐平静了，从此有事也爱与父母说，也终于认识了那天英语课上自己的错误，并真诚地向老

师道了歉。

李黎的父母并没有训斥孩子，而是通过书信的沟通，用爱心抚平了孩子波动的情绪，化解了他的逆反心理。

实际上，100 分父母都会明白，化解孩子的逆反心理，关键是要进行心理疏导。首先，尊重孩子，与孩子建立良好的关系并主动改善原有的不和谐关系，多与孩子沟通，赢得孩子的信任。其次，学会倾听，不要总是对孩子说“不”。孩子的逆反心理总是伴随着一定不愉快的情绪体验，所以父母要站在孩子的角度去看问题，尽力感受孩子体验到的情感，以此鼓励和引导孩子毫无保留地说出自己的看法和感受，然后通过启发或提问，帮助孩子从另一个角度思考问题，从而达到疏导的目的，解除孩子的逆反心理。

专家建议

孩子长大了，自主意识逐渐增强，不愿意大人始终把他当小孩看，所以会表现出与父母对着干的消极情绪，这就是孩子的逆反心理。对此，100 分父母会予以重视。

（1）正确对待孩子的逆反心理，不能听之任之，也不能横加制止。

（2）孩子有逆反心理，关键在于进行合理疏导。

（3）尊重孩子，与孩子经常沟通。平等对待孩子，能够倾听孩子的心里话。

（4）启发和引导孩子换个角度思考问题，以化解孩子的逆反心理。

4. 别让自卑压垮孩子

每个人对自己或多或少带有一些不恰当的认识，自卑就是对自我的一种不正确认识，是过低地评价自己，自己瞧不起自己的消极心理。它是一种人格上的缺陷，一种失去内心平衡的情绪体验。

自卑是常见的一种心理现象，人人都有。著名的精神分析家阿德勒曾指出：人正因为自卑感所以欲求自我超越，才推动了整个人类社会的发展。可见，适度的合理的自卑是有一定益处的。但是如果过分自卑则只会起到消极作用。首先，过度自卑的人总认为自己处处不如别人，对自己百般挑剔、悲观失望，不敢接受挑战，始终认为自己不行，因而不敢主动去干任何事。其次，过度自卑的人贬低了自己，不能悦纳自我，不敢与别人正常交往。在人际交往中缺乏勇气，畏首畏尾，动作迟缓，害怕引人注意，说话低声，不敢正视他人，因而心灵上背负着沉重的孤独枷锁。最后，过度自卑的人性格内向，承受挫折的能力极差，一遇挫折或打击时，会极度苦闷，破罐子破摔，一蹶不振，致使自己的才能得不到积极的开发。

如果一个孩子的心理处于过度自卑之中，会使他的整个人生一片灰暗。孩子时期正是学习知识、掌握知识的黄金时期，过度自卑，对孩子的成才是极其不利的。然而，近年来，有过度自卑心理的孩子却呈上升趋势，因而，父母和孩子对此都必须予以高度重视。

造成孩子自卑心理的原因是多方面的。从客观上讲，如个人相貌、身材、残疾等一些生理缺陷可导致心理自卑；家庭条件差或认为父母从事的职业不如别人也能导致自卑；生活中遭遇挫折和失败而形成消极的自我认识是导致自卑的根本原因。从主观上分析，如过度追求完美而走入极端，从而导致自卑；自我封闭，性格内向，过于在乎别人对自己的评价而导致自卑；自我评价过低，只认识到自己的缺点而看不到自己的优点可导致自卑；父母师长的贬抑性评价，常常使孩子产生“我不行”的消极自我暗示，也是产生自卑心理的一个重要原因。

王芬的学习成绩本来是不错的，可刚上初三，班上突然挤进了七八个复习生。第一次月考，她考了个全班第二十名。她一下子泄气了，凭这成绩，怎能考上重点高中，将来怎能考上名牌大学？班主任在班上进行成绩总结时说：“某些人整天不思进取……”她觉得班主任是针对她说的，她觉得自己是不行了。第二次月考，名次又往后了五名，她彻底绝望了。她觉得自己处处不如别人，甚至不想再读下去了。

于是，她在家呆了两天，父母起初还不太在意。后来，班主任打来电话，父母才着急了，不过，大体弄明白了女儿为什么呆在家而不去上学。爸爸气得拍起了桌子还说要揍她，结果妈妈劝住了气愤的爸爸。

晚上，爸爸走进王芬的房间：“芬儿，今天爸爸对你发火，实在不该。我知道，这段时间你学习上压力重，你想的是一定要学好，爸爸责怪你，这是不对的。你能原谅爸爸吗?”

“爸给你讲个故事吧。”还没容她回答，爸爸就接着说了。

“爸在你这么大时，成绩糟得很，每次考试总是在全班垫底。除了物理和数学还有点光彩外，其他各科都挂大红灯。”爸爸喝了口水。

“我因此时常觉得自己笨，不可能把成绩搞好。那天我去学校，准备把自己的东西都搬回家，不上学了。可我到教室去取课桌里的书时，上课铃响了，我准备跑出教室，物理老师却走了进来。没办法，我只得勉强坐下来，听这最后一课。

“物理老师那天给我们讲了恒星天文学之父赫歇耳的故事。赫歇耳是德国人，出生在汉诺威城，家中贫寒。他原来是一名音乐师，后来出于对天文学浓厚的兴趣，他开始用全部业余时间钻研天文学。

“搞天文学需要望远镜。他没有钱买，便自己动手磨制。有一次，他竟然不辞辛苦连续磨制了16个小时。他的妹妹一边为他读报，一边喂他吃饭。磨制工作一次又一次都失败了。两年后，经过无数次的努力，他才磨制出了第一架牛顿式望远镜。这架望远镜，可以把观看的景物放大40倍。

“10年后，他用自己磨制的望远镜在双子座和御夫座之间发现了一颗前所未见的陌生天体。这就是著名的天王星，天王星的发现震动了整个欧洲，震动了整个世界。

“当时我震撼了。在科学的大道上，只有不怕失败的人才能攀登到顶峰。比起这些科学家，我们遇到的挫折又算得了什么。从那以后，我重新振作了起来，后来我考上了大学。”爸爸意味深长地说着。

王芬点了点头：“爸爸，我明白了，我明天要去上学！”

现在，王芬早已跨进了高中，虽说不是重点，但她却很自信，老师说她应届考重点大学是不成问题的。

王芬因为成绩不好而自卑，以致不想继续上学。幸亏爸爸

及时让她自信起来，可以说改变了她人生的关键一步。从这里我们可以看出，要克服自卑，关键是自己看重自我。

100分父母和100分孩子都能认识到这一点。100分父母能够做到适当要求孩子，决不苛求孩子。孩子有一点点进步时，总能用合适的语言给予赏识激励；孩子做得不好时，绝不会冷嘲热讽，拳脚相加，而是能正确评价孩子，鼓励并有意地丰富孩子的知识，开阔他的眼界，提高他的能力，这样使孩子看重自我，孩子就不会自卑。

100分孩子能够正视自我，积极地看待失败和挫折，扬长避短地进行积极的自我暗示，始终坚信“我能行”，当产生自卑心理时，能够及时调整心态。他们深知“人无完人”，即使自己有某方面的缺陷，也会试图努力克服或在其他方面做得更好。

专家建议

自卑是自我意识的一种消极表现，自卑的孩子过低地评价自己，自己瞧不起自己，背负着沉重的思想包袱，丧失了前进的动力，进而影响一生的发展。所以，父母和孩子都应重视克服自卑心理。

（1）正视自卑产生的原因，这样才能理智地去解除自卑。

（2）父母对孩子的要求要适当，孩子取得成绩，应及时表扬、鼓励，使孩子对自己充满信心。当孩子成绩不好时，应给予关心和安慰，帮孩子分析原因，总结经验教训，并耐心指导，绝不能冷嘲热讽，粗暴打骂，贬低孩子。

（3）孩子要正确认识自我，经常以“我能行”等来进行积

极的自我暗示，给自己定出合适的目标，扬长避短，建立积极和谐的人际关系，不因自己的缺陷而羞于见人，羞于开口说话。

5. 帮孩子驱散焦虑心理

焦虑大多与精神打击及可能的威胁或危险相联系，在主观上感到恐惧、烦躁、担心、紧张、忧郁甚至痛苦等，严重时还会伴随一定的生理反应，是人对外界环境和条件改变的一种反应。同孩子的其他心理问题一样，在一定情况下，适度的焦虑对学习效率的提高有一定的积极影响。但是，焦虑一旦过度，就会适得其反，导致焦虑症，对孩子的身心健康、学习、生活都是极其不利的。所以父母对此要予以重视。

通常，父母可以运用经验观察法从几个方面来鉴别孩子是否过度焦虑：

首先，观察孩子的神情。孩子的焦虑往往会从表情上反映出来，由于年龄、阅历等影响，他们一般不善于掩饰内心世界。

其次，观察孩子的行为。孩子的焦虑往往也会反映在其行为上，比如：平时生动活泼却突然“规矩”起来，平时安静乖巧却变得烦躁，刚拿出作业本却又把笔摔掉，一会儿拿这书一会儿又拿那书等等。

再次，观察孩子的语言，比较外向的孩子往往能通过语言说出内心的焦虑；内向的孩子却会更加沉默寡言。

最后，观察孩子的生理反应。过度焦虑可能会伴随一定的生理反应，比如茶饭不思，头疼脑热，哈欠不已，旧病复发等。

一般来说，父母眼中的乖孩子更容易过度焦虑。他们温顺、老实、守纪律、自制力较强，对事认真负责，环境或条件如果

突然改变，容易使他们焦虑不安。最常见的就是担心考试，也有的是担心与同学关系不好或其他情形。

导致孩子焦虑的原因可大抵概括为以下几个方面。第一，家庭环境和家庭教育。有的家庭关系不和谐使孩子承受强烈而持久的心理压力，有的在家庭教育中过多地强调孩子必须听话，不得犯错或冒险，还有的对孩子过度干涉，过多批评指责，这些都容易引起孩子焦虑。第二，学习、生活事件的影响。比如升学、考试、学习环境改变，与老师或同学的矛盾和冲突，身体不适和生病以及突然遭遇的一些偶发事件等也可以诱发焦虑。第三，孩子自身思维的局限。孩子的思维有一定的局限性，容易夸大危险，喜欢任意推断，以及把事情绝对化等，如果没有及时、合理疏导，则容易引起焦虑。

要预防和治疗孩子的过度焦虑心理，需要父母和孩子的共同努力。从父母方面来说，父母首先要进行自我反省。孩子过度焦虑可能是因父母引起，比如夫妻关系不和、家庭教育不合理、亲子关系不良等。所以父母不能过分地要求孩子，要努力改善家庭环境等等。

其次，父母要恰当地指导孩子。比如：帮助孩子识别和检测不合理思维，让孩子加强体育锻炼，教孩子深呼吸等行为调节法。

最后，调整孩子的膳食结构。注意给孩子搭配充足的蛋白质、水和热量，特别是新鲜的蔬菜和水果等富含维生素的食物。

从孩子方面来说，首先是要调整心态，不能过于苛求自己，不要过多在乎别人对自己的评价，面对挫折时，可以默默对自己说“我能行”来放松自己。其次，转移自己的注意力。焦虑时可以听听一些舒缓、柔和、优美的音乐，还可以读读幽默或笑话，看看相声、小品等，转移自己的注意力，放松自己。最后，加强体育锻炼，增强自己的体质，提高对紧张情境的心理承受能力，增进意志力。

赵敏是高二学生，在学习上，她的各科成绩都比较理想，但就是怕考数学，平时每次考数学，却总也考不好。这并不是她学得不好，每一道数学题考试后再做，她都能很快做出来。为什么呢？只因在中考时，她的数学没考好，只考了55分，结果她虽考上了高中，却与重点高中无缘。从此后，只要考数学，她就吃不下饭，睡不好觉，紧张得手心头顶都冒汗。尽管父母、老师都告诉她不必害怕，要适当放松，但就是不管用。

后来，爸爸带她向心理医生作了咨询。经心理医生指导，在老师的配合下，星期天让她在家做数学试卷，慢慢地再模拟考试情境。一段时间之后，她终于不再害怕数学考试了。

赵敏因中考数学不佳，以致以后考数学就害怕。久而久之，也就得了焦虑症。如果不及时治疗，肯定对她的学习和身心健康都是极为不利的。爸爸发现了这一问题，及时请心理医生给她做心理咨询，终于使她摆脱了困扰。所以当孩子患了焦虑症，你的种种做法不能帮孩子解除时，请别忘了有心理医生！

专家建议

在成长的每一天，人们都可能会遭遇精神打击，一旦在主观上对外界环境和条件改变无法适应时，长期下来，内心的恐惧、烦躁、担心、紧张、忧郁等感受会迫使孩子患上焦虑症。

要治焦虑症，主要从“心”上着手，即让孩子宽心、乐观、从容对待一切。

（1）父母为防止孩子患焦虑症，要优化孩子成长的家庭环境，对孩子不过多要求。为治好孩子的焦虑症，要教会孩子放松心理，同时反省自己，改善自己的不足之处。

（2）为防患上焦虑症，孩子要乐观地对待诸如考试、家庭等各种问题。在遭遇挫折时，要坚定信心，相信自己能行。为治好焦虑症，要学会自我放松，转移注意力，比如听听音乐、看看相声、小品或幽默笑话等。

6. 让孩子远离“心魔”困扰

在成长的每一步，孩子不断与未知世界进行着对话。他们充满好奇所以容易冲动，他们尚未成熟所以承受力差，他们太多幻想所以脱离现实，幼稚的心灵渴望得到平等、尊重，因而在面对现实的时候，经常会感受到沉重的压力，焦虑、忧郁、孤独等时时袭来，他们可能会变得怯懦、自卑、多疑、冷漠、自负、偏执、易怒……于是，他们会做出一些让父母不可理喻的行为，让父母伤透了脑筋。而孩子也并不好受，“心魔”困扰他们，影响了他们的正常生活，剥夺了他们应有的快乐，在压力无法解除的情况下，他们无法安心学习和生活。只得寻找途径来宣泄，以期得到那幼稚的快乐。

12 岁的男孩小柯，学习自觉性差，作业拖拖拉拉，学习成绩总是维持在中下等水平。平时的表现常常是：无精打采，情绪低落，孤独，好生闷气。烦闷时，常抓脑袋，扯自己的头发。与他

交谈时，他时而点头，时而摇头，至多回答“是”或“不是”。

小柯的爸爸总是早出晚归，还经常出差，无暇顾及家庭事务和孩子的教育问题。小柯的妈妈学历不高，所以为了使孩子能长大成才，她不惜一切代价给孩子创造学习条件。还请了个大学生做孩子的家教，辅导他学习，指导他生活，谁知他并不领情。

一天早晨，小柯坐在床上，唉声叹气，嘴里喃喃自语：“活着真没意思，不如死了好！老师说了，书读不好长大了只会伤悲，长大伤悲不如现在就死！死了不就平安无事了吗！”话毕，只见他一脸的解脱，原来他服下了安眠药。

那天早晨，妈妈去小柯房间喊他吃饭，才发现小柯昏迷不醒，赶紧把他送到医院抢救，才把小柯从死亡线上夺了回来。

脱离危险的时候，妈妈早已泪流满面。闻讯赶来的爸爸浑身汗水，手不住颤抖着。在医院里，夫妇二人竟抱头痛哭。在儿子的病床前，妈妈边哭边诉：“儿子，都是妈不好！妈平时只知道逼你学习，而实际上你一点也不快乐。”爸爸说：“孩子，爸爸今后一定要抽时间多陪你玩，你想去的公园、儿童游乐场，爸爸都要带你去，只要你能快乐就行！”

原来，爸爸只知道忙于工作，想改善家庭经济条件。那些其他孩子们都玩厌了的地方，小柯几乎没去过。小柯提出了好几次，爸爸都说忙，没空。而妈妈则总是说：“玩，玩，玩，成天就知道玩！也不看看你的成绩！”这样一来，小柯对学习可谓是毫无兴趣，迫于妈妈的压力而学习，哪里有什么快乐？使得这么年幼的孩子也失去了生活的乐趣。

看来，父母对孩子的要求要合理。对孩子的期望和要求过

高，很容易使孩子形成自卑、怯懦、焦虑、压抑等消极心理。同时父母应营造和谐的家庭环境，这样有利于松弛孩子的紧张与不安。另外，父母还要经常与孩子进行有效的沟通，这有利于父母改进教育方式，为孩子提供感情上的支持，也有利于消除或缓解孩子的焦虑、苦恼、紧张及孤独压抑的心情。

孩子的“心魔”直接影响了孩子的健康成长，同时也困扰着每一位父母。望子成龙、望女成凤是天下父母的共同心愿，父母含辛茹苦，目的就是为了孩子能够早日成才。而不及时解除困扰孩子的这些心理问题和心理障碍，孩子“成人”都成问题，又怎能成才？

父母首先应该进行自我反省：是不是自己的行为造成了孩子的心理问题？父母的行为往往会影响孩子的心理健康。

在专制型的家庭里，父母是绝对权威，子女要绝对服从，所以在这样的环境里成长的孩子，容易形成被动、胆怯或逆反等不良心理。

在溺爱型的家庭里，孩子是家庭的中心，父母围着孩子转，在这样的环境里成长的孩子，独立性差、任性、自私、偏执、人际交往差，难以适应社会生活。

在放任型家庭里，父母对孩子不闻不问，许多事情都要靠孩子自己去处理，在这样的环境里成长的孩子，独立性和适应性都比较强，但由于缺少父母的关爱、帮助，容易出现意志涣散、人际交往过于随便或者冷漠，难以抵御不良诱惑等问题。还有家庭关系不和谐或者父母对孩子期望过高或过低都有可能造成孩子的心理问题。

从死亡线上回来的小柯，躺在病床上，听爸妈流泪的哭诉，

不觉也流泪了。他觉得以前他太不理解爸妈了，老是觉得爸妈总是逼他学习，便有意地不学，有时甚至会做的题也故意做错，从来也没想过怎样去搞好学习。于是便越学越差，越差便越不学，经常无精打采，情绪低落，无端地生闷气，在家里家外，话都不想说。他从父母的眼泪中终于体会到自己在父母眼中是何其重要。

出院后，他不断地改变着自己。由于父母态度的改变，他渐渐地乐观起来，有话也乐意同父母说。在父母的帮助下，他开始认真学习了，他采用了小目标分化法，一个个目标不断地实现，他不断体会到学习的乐趣。他整个人好像都变了，乐观豁达，还能主动与人交往，与同学的关系相处得也不错。

可见，豁达大度是赶走“心魔”的法宝。要孩子拥有健康的心理，100 分父母就应该让孩子拥有豁达大度的心怀；100 分孩子应该不断充实自我，让自己时时拥有乐观豁达的心怀。为此，第一，孩子要树立正确的人生观，树立远大理想，这样才会正确对待生活中的各种矛盾，不沉溺于身边琐事，才能豁达大度。第二，要接受自我，要有自知之明，同时要认识到不管什么人都不会十全十美，不必因某方面不足而自卑，能做到悦纳自我，才能根据社会和时代的需要创造出理想的自我。第三，对自己的要求要适当，要根据实际给自己确定目标，一个人只有胸怀理想，脚踏现实，才能立于不败之地。第四，积极参加集体活动，主动与人交往，处理好与同学、师长之间的关系，个人在心理上才能获得安全感，个人的苦恼总会有地方倾诉，不会积存郁结，也就不会有孤独、恐惧、焦虑、多疑逆反之举。第五，积极参加体育锻炼，使学习和生活有张有弛，消除疲劳，

放松心理，解除苦闷，焕发精神，提高工作效率，增加生活和学习的乐趣，使身心更加健康。

专家建议

豁达大度是赶走“心魔”的法宝。孩子的心理健康关系到孩子的健康成长，父母要多关心孩子的心理健康，孩子自己也应重视。

（1）100分父母会思考如何才能使孩子拥有乐观豁达的心境。因而要帮助孩子树立正确的世界观和远大的理想。对孩子的要求要考虑孩子的实际，同时要教孩子一些放松心理的有效方法，经常与孩子进行有效沟通，让孩子及时发现自己的不足，及时改正。

（2）100分孩子要拥有乐观豁达的心境，远离“心魔”困扰。要正确认识自己，要有自知之明，不要悲观自卑，要树立正确的世界观和远大的理想，积极参加体育锻炼，主动与人交往。在学习上不妨试试先确定一个个小目标，实现了一个小目标，就能从中体会到乐趣。

修身礪德好成才

在文明社会里，德才兼备方算人才。“德”与“才”比，德更为重要，是衡量人才的首要条件。从小讲诚信，会宽容，懂文明礼貌，知感恩，修身砺德，是成才的必修之课。

童言无忌

味道

语文老师发现张三上课睡觉，于是弄醒张三问道："你怎么上课睡觉？"

可是，张三拒不承认睡觉。

张三："我没有睡觉。"

老师："那你干吗闭上眼睛？"

张三："老师，我在默念课文。"

老师不信，说："那你干吗直点头？"

张三："老师，你讲课讲得很好。"

老师还是不信，说："那你干吗直流口水？"

张三："老师，你的课讲得很有味道。"

傻瓜的问题

老师说："一个傻瓜提出来的问题，十个聪明人也回答不上来。"

学生说："难怪我考试总是不及格。"

1. 让诚信陪伴孩子成长

有一个美国孩子，父亲早逝，却留下了一堆债务。按常规，欠债人去世了，把他的商品拍卖还债，未清完的债务差不多也就算了。但是这孩子一一拜访债主，希望能宽限时日，并保证自己会将这些债务分文不少地还掉。十年后，这孩子勤劳经商，果然信守当初的诺言，把父亲留下的债务连本带息、分文不差地全还清了。周围的人都十分感动，认为他是一个可信之人，都很乐意与他做生意。由于诚实守信，他不仅生意越做越大，而且还赢得了更多人的尊敬。

人在社会上生存，要求得发展，必须与他人进行合作。而人与人合作的基本前提就是要诚实守信。诚实守信是为人的基本美德。如果孩子失去诚实守信的支撑，他（她）不可能是100分孩子。那位美国孩子，之所以会有事业的成功和赢得他人的尊重，就因为他能做到诚实守信。

诚实守信是进入现代竞争社会的通行证。一个人要诚实，不说谎，信守诺言，才能够建立起自己的良好信誉，才能够赢得他人的尊重与合作。

乔治·华盛顿小时候聪明好动。有一次，他用自己的小斧头将父亲心爱的樱桃树砍倒了。父亲发现樱桃树被砍掉后，大发脾气：“这是谁干的?”华盛顿心里有些紧张，但他想了想后，还是勇敢地走到父亲面前，十分羞愧地说：“爸爸，是我干的。”父亲说：“孩子，承认把我喜欢的樱桃树砍了，你不知道要挨打吗?”华盛顿见父亲怒气未消，有些害怕，但还是诚恳地回答道：“可我告诉您的是实话呀!”

华盛顿正是因为拥有这一可贵的品德，终于在独立战争后，成了美国第一任总统。所以，对于孩子来说，要做到诚实守信，首先是不说谎，不随便拿他人的东西，借他人东西要及时归还。在集体生活中，必须遵守集体公约。在社会生活中，要遵纪守法，还要讲究社会公德。其次，要做到言行一致。我国古代先哲有一句话：“轻诺必寡信。”意思也就是一个人如果不守诺言，别人以后也就不会相信他了。一个人如果处处得不到他人的信任，那么就很难在社会上立足。第三，做错事要敢于承认并及时改正。

父母是孩子的第一任老师，孩子能否做到诚实守信，与父母的教育有很大关系。100分父母，不仅会注意自己要诚实守信，还十分注意对孩子进行诚实守信的品德教育。

大学毕业，林子去一家大型公司应聘销售部经理。因为这家公司的知名度很高，所以前来应聘的人特别多，公司采取了逐步淘汰的方法。经过三轮笔试两轮面试后，最后角逐的是林子和一个叫江子的年轻人。那天，林子和江子两人来到公司小会议室，参加由董事长亲自主持的最后测试。

一会儿，董事长进来了，没多说什么，只是发给他俩一人一份试卷。二人都感到惊讶，也都有些紧张，认真地答了起来。过了十分钟左右，董事长轻轻地走了出去。那些题目太偏了，林子急得满头是汗。半个小时过去，林子还有一大半题没做完，望望江子，他正认真地答着试卷，快做完了。

怎么办呢？林子感到了一种巨大的压力。这时江子的手机响了，好像是家里发生了很急的事情，他无奈地放下试卷，匆匆地出去了。只剩下半个小时的答题时间了，林子很想去看看江子是怎么做的，但他忍住了，因为14岁那年爸爸的那句话一直警示着他。

那年中考后，林子百无聊赖，整天在村外玩耍。一天，村里来了个卖蚊帐的小贩，林子和一伙同他差不多的孩子围着小贩问这问那，小贩不屑："去，去，去！别挡着，我还得卖蚊帐呢！"

"你怎么知道我们不买蚊帐？"林子还是围着小贩。

"瞧你们这群毛孩子，哪有钱买蚊帐？我这蚊帐质量好，20块钱一床，你掏得出吗？去叫你家大人来吧！"小贩极不耐烦。

"谁说我们掏不出？不就20元钱吗？"林子火了。

"掏得出你也做不了主！买蚊帐不是你们的事，去，叫大人来吧。"

林子更火了："今天我们一定要买你的蚊帐！你等着，我回家拿钱去。"经过一番讨价还价之后，小贩同意以18元一床卖给他。

林子回到家翻箱倒柜，只翻出了10元钱。跑到小贩那儿，不好意思说钱不够，便趁着人多，扔下10元钱，拿了一床蚊帐走开。这时正好遇上从地里干活回来的爸爸妈妈。见他拿着一床新蚊帐，妈妈问："咱家又不缺蚊帐，你买它干吗？对了，你哪有钱买呢？"

小贩很精明，大喊道："喂，小孩，你还没给钱呢？"

林子窘得无地自容，怯怯地说："我给过了。"

爸爸问："你给了多少钱？"

林子没敢回答，爸爸以为他偷拿东西，气得就要揍他。林子只得如实说出来："我只给了他10元。"

"那还有8元为啥不给？没把钱付清就拿人家蚊帐，这与偷东西有什么区别？"爸爸仍然很气愤。

"这蚊帐最多也只值10元。"妈妈在提醒爸爸。

"快去把钱付清！"爸爸没理会妈妈，大声对林子喊道。

"我……我没钱了。"林子怯怯地说。

林子羞怯地低着头。爸爸拍了拍他肩膀说："买东西就得付钱！你已经初中毕业了，不再是小孩子了，要对自己所说的话所做的事负责。人不这样，还能算人吗？"

爸爸的这句话一直震撼着他，告诉了他做人的道理。这次应聘，他绝不能违背诚信这一原则。即使不被聘用，他也绝不能偷看江子的试题。

交卷时间到了，董事长和江子一道走进来。"恭喜你，现在我正式宣布，本公司决定聘用你。"董事长说。

"可是，这试卷我还没完成，况且您又没看我做得怎样。"林子有些疑惑。

"实话告诉你吧，这几天有许多人都在这关给卡住了。只有你做得很好，这位是我们公司人事部经理、副董事长。"原来这个江子是公司的人，这场考试考的就是诚信为人。

林子能正式被聘用，战胜他的竞争者，得益于爸爸教给他做人的道理：要诚实守信，要对自己的言行负责。

要想孩子成才，首先，父母自己必须诚实守信，做孩子的好榜样。其次，父母要正确对待孩子的过错。孩子犯错并不可怕，只要孩子敢于承认错误，父母再帮其找出错误根源，积极改正。再次，父母对孩子也必须诚实守信，这样孩子才会信任父母，才乐于与父母沟通，父母才能正确地对孩子进行教育。最后，父母必须及时纠正孩子的不诚实、不守信的行为，及时给孩子讲清道理，加强对孩子的教育，增强其是非观，使孩子养成诚实守信的好品德。

专家建议

诚实信用是一个人立足社会，取得他人信任的基本道德品质，是为人之本。让孩子养成诚实守信的好品质，对孩子的成长意义重大。

(1) 100分父母首先自己能做到诚实守信，做孩子的好榜样。其次，在日常生活中，100分父母会注意孩子说话和做事是否诚实守信。对待孩子的错误，能及时纠正，并及时教育孩子，使孩子养成诚实守信的好习惯。

(2) 100分孩子首先必须诚实，不说谎，不做不诚实的事；其次，要信守诺言，答应别人的事要努力做到；最后，要敢于承认错误，并及时改正。

2. 教孩子学会宽容

俗话说："海纳百川，有容乃大。"我们之所以给大海无限地赞美，主要是因为有包容百川的广阔胸襟。做人也是如此，一个人要想有所成就，除了要具备很强的业务能力和献身事业的热心之外，还必须有包容一切的广阔胸襟！

我们常常说要严于律己，宽以待人。"严己"和"宽人"

可以说是紧密相连的，“严己”最终还是要达到“宽人”。实际上，宽容是一种美德，是人性中最美的花朵，能处处宽容别人，就能获得别人的信任和支持。然而，近年来在孩子身上却发生了许多大人难以想象到的恶性事件：山东某女大学生因与同宿舍同学发生口角，为泄私愤，夜间点燃了宿舍，烧死了 7 名同学；云南大学学生马加爵因一次与同学打牌时，被同学指责作弊，竟杀死了自己的 4 名同窗好友……这使我们不得不疑惑：是孩子们抛弃了传统美德还是我们的教育存在问题？

一位父亲在教育儿子时常说：“人不犯我，我不犯人；人若犯我，我必犯人。”因此，他的孩子在外面睚眦必究，谁都不愿与他交往。有一次，孩子犯错了，父亲打了孩子一巴掌，孩子当即抬起手来，毫不犹豫地给了父亲响亮的一巴掌。孩子的爸爸一下子愣住了，质问孩子：“你敢打我？”孩子理直气壮地说：“人不犯我，我不犯人；人若犯我，我必犯人。”把父亲噎得好半天喘不过气来。

按照精神分析理论，人类的许多行为都可以从童年环境中找到根源。孩子没养成宽容的良好品德，与父母有很大的关系。那么，父母应怎样培养孩子宽容的品德呢？

首先，父母要注意自身修养，做孩子的榜样。

父母首先要为孩子创造出一个良好的家庭环境，同时要宽容待人，“得饶人处且饶人”，在潜移默化中培养孩子尊重别人，爱护别人，体谅别人，从而拥有一颗宽容之心。

其次，让孩子有机会接触同龄人，在交往中取长补短。在交往中遇到矛盾和纠纷时，可适当给予抚慰，帮助孩子分析事情发生的原因，找出自己或别人的不对之处，明辨是非，妥善处理。

最后，教孩子学会关心他人，在关心中学会宽容。父母要告诉孩子以诚待人，要学会设身处地为他人着想，学会原谅别人的过失或错误，能原谅他人，他人也就会原谅自己。同时，要告诉孩子，原谅不等于没有原则，对原则性的错误要敢于批评。

一次小测验后，试卷发下来，文峰发现老师在统计分数时，有道题的分数给漏计了，本来应该是第一名，现在成了第四名。在课堂上，他举手想向老师说明。但老师急于将试题讲评完，让他有问题课后再说。而下课后，老师由于临时有急事，匆匆离开了学校，把文峰的事给忘了。文峰因此憋了一肚子气，回家向爸爸讲起这事，心中对此感到不满。爸爸听后，对他说："老师要批改那么多试卷，漏掉那几分，没算上去，这并不影响你对知识的掌握。至于名次并不重要，所以不必计较。反正你的实际名次是第一，这假不了吧？你应该站在老师的位置想想。"听爸爸这么一说，文峰也就原谅了老师，照样认认真真地学习，成绩总是第一。最重要的是文峰从爸爸那里学会了宽容。

有一次，他的同桌志伟不小心，弄坏了他的铅笔盒，他不但没生气，反而自己动手修好了铅笔盒。当志伟对他说"对不起"时，他说："没关系！我知道你不是故意的。我不小心，也曾把你的书弄到地上去过的。"

正是爸爸的正确教育，使文峰学会了宽容。其实，当别

人犯错误时，孩子要多替别人想想，换个位置考虑，你就会宽容对方了。当然，除了宽以待人外，别忘了还要严于律己哟！

专家建议

宽容是人性中最美的花朵，是100分孩子必不可少的一种可贵品质。

（1）100分父母能做到“严于律己，宽以待人”，做孩子的榜样，注意自身修养，给孩子以温馨的家庭环境。让孩子广交朋友，在交往中学会关心人，学会宽容待人，同时明辨是非，懂得宽容不是无原则的放弃批评和反抗。

（2）100分孩子能站在对方的角度去考虑问题，对他人的错误或过失也就能从内心真正地原谅。当然，宽容不是放纵，对他人的错误，应该指出并诚恳地请对方改正。另外，要注意严于律己，自己先努力做到各方面都好，做对方的榜样。

3. 文明礼貌塑造出良好形象

现代社会既充满竞争又充满合作，良好的人际关系是人生成功的助推器。而良好的人际关系则建立在与他人相互尊重的基础之上。尊重他人，在与他人的交往过程中一定要注意自身修养。讲文明懂礼貌，是个人修养的重要方面，是赢得他人尊重的前提。孩子最终是要走上社会的，文明礼貌是一种习惯，必须从小养成。

孔子曾说过：“质胜文则野，文胜质则史，文质彬彬，然

后君子。”也就是说，只是品格质朴而不注重礼节仪表，就会显得粗野；只注重礼节仪表，却缺乏质朴的品质，就会显得虚浮；有礼节仪表同质朴的品格结合，才是一个有修养的人。所以作为父母，要想让孩子养成文明礼貌的习惯，首先应使孩子学会做人。要帮助孩子树立平等待人，尊重他人的思想；应教育孩子在与他人的交往中真诚对待他人，树立起关心帮助他人，与人团结友爱、互相合作的思想。克服冷漠、孤傲、自私的错误思想和行为。

雨儿虽然才5岁，但一张小嘴可甜了。路上遇上叔叔或阿姨，不用妈妈说，她就会主动喊“叔叔好”或“阿姨好”。平常与小朋友一起玩，也乐意把自己心爱的玩具拿出来，自己有好吃的也愿意与大家一起分享，因此深受他人喜爱。认识她的人都说她聪明伶俐，长大后肯定会有出息。

一天，雨儿与妈妈一起去姨妈家。公共汽车上人很多，雨儿坐在妈妈的腿上，东张西望。这时，她发现有一位老爷爷没座位，马上从妈妈腿上起来，指着妈妈的腿，天真地大喊：“没座位的老爷爷，您来这儿坐吧！”妈妈此时才看到老爷爷没座位，立即起身让出了自己的座位，高兴地表扬女儿：“雨儿真懂礼貌，是个好孩子！”老爷爷也不住地向母女俩连声道谢，车里的人都笑了起来，夸这小孩子真懂事。

雨儿的这些良好表现，都得益于父母日常的教诲。另外，平时爸爸妈妈互敬互爱，待人真诚，礼貌，这一切潜移默化地影响着雨儿，使雨儿有了文明礼貌的习惯。

父母要注意对孩子平时的训练和强化，使孩子举止文雅，

言语得体，热情大方，讲文明、懂礼貌。比如：正确地使用文明礼貌用语；进入他人房间要先敲门，得到允许方可进入；在车船上主动为老弱病残让座；在公共场所不大声喧哗；家里来客人要主动打招呼，递茶时双手奉上；别人讲话时要注意认真倾听，不中途打断，不随意插话等。只有让孩子懂得讲文明懂礼貌的具体内容和形式，才能使孩子在不同场合显示出孩子的修养，为孩子今后的立身处世，赢得他人尊重打下坚实的基础。

6 岁的佩佩迷上了接电话，每当电话的铃声响起，她就热情地跑过去，还常常不厌其烦地问人家各式各样的问题。来电话的人不自报家门，休想通过她一关。

可是没多久，佩佩渐渐对接电话失去了兴趣。有时爸爸、妈妈都在忙，电话铃响了，妈妈让她去接，谁知佩佩却说："没关系，过一会儿就不响了！"怪不得有朋友说他们家老没人接电话，爸爸妈妈就赶忙向女儿解释电话的重要性，佩佩却道："这些打电话的人真讨厌！"

后来，佩佩接电话又有了新动向。中午回家，电话铃正好响了，佩佩跑过去拿起话筒，也不问是谁就嚷："谁这么讨厌啊，不知道人家刚进屋吗？你找谁？"有个"小老虎"守在话机旁，谁还敢打电话过来？爸爸妈妈把接电话的礼节讲了又讲，可她根本就不听。终于有一天，她撞上了"枪口"——原来是她幼儿园的老师打来的。佩佩只好央求妈妈向老师解释一下，说她不是故意对老师不礼貌的。妈妈故意轻松地说："怕什么！有什么了不起啊？"

佩佩急了："不行！老师会不喜欢我的！"

妈妈趁机教育她："那别人听到你那么不讲礼貌，就喜欢

你吗?"

佩佩满脸不在乎:"我又不认识他们,他们不喜欢我没关系!"

妈妈顺着说:"可他们认识爸爸妈妈啊,他们会不喜欢爸爸妈妈啊!"

佩佩这时认识到了自己的错误,以后再也没有出现过接电话不礼貌的行为。

佩佩不知道礼貌地接电话,后来妈妈找准时机对她进行了教育,使她最终改正了这一缺点。可见,父母要教育孩子讲文明、懂礼貌还必须注意用正确的方法。

父母在教育子女文明礼貌时,要注意结合孩子的特点,讲究方法。当孩子做得好时,应该给与赞赏,让孩子乐于去做;当孩子做得不好时,应该以教导代替斥责,即使要批评孩子,也要用正面性的语言。比如:孩子用手抓菜,不妨告诉他:"你忘了用筷子啦,现在咱们一起来练习用筷子夹菜……"千万不要当众指责孩子,这样会造成孩子内心的紧张,或造成孩子逆反,是不可能使孩子变得彬彬有礼的。

孔子也曾说:"吾日三省吾身。"就是说每天要多反思自己。要养成文明礼貌的好习惯,孩子自己一定要注意经常检点自己的言语、行为和仪表。同时对他人要多一些宽容,这才是100分孩子的修养。

专家建议

"少成若天性,习惯成自然。"文明礼貌要从小培养,形成良好的习惯。

(1) 父母要注意自身的榜样示范作用，说话、做事、待人都要讲文明懂礼貌。

(2) 父母要在日常生活小事中，教孩子说文明话，做文明事，礼貌待人。

(3) 父母要注意教育方式，孩子做得对时，要及时给予赞赏，孩子不讲文明礼貌时，要及时纠正。

(4) 孩子在日常生活中要经常检点自己的行为，文明礼貌行为及习惯总是在纠正中慢慢养成。

4. 培养孩子的爱国情感

一个民族，一个国家的繁荣、稳定和发展，依赖于万众一心的民族凝聚力，而这种民族凝聚力又来自于爱国、爱自己的民族。纵观历史，爱国主义历来是激励人们团结奋斗的一面旗帜。南宋著名爱国诗人陆游在诗中写到：死去原知万事空，但悲不见九州同。王师北定中原日，家祭无忘告乃翁。临死前仍不忘山河破碎的国家。周恩来在读书时就曾立志：要为中华之崛起而读书。爱国，是我们民族情感中最重要的内容。

我国是一个历史悠久的国家，有灿烂的中华文明，有秀美的山河和辽阔的领土，有勤劳善良、富于创造的人民。作为中华民族的后代，每个中国人应该从小就为身为一个中国人而自豪。

1923 年，杨振宁的父亲杨武之留学美国，去芝加哥大学攻读硕士和博士学位，留下妻子罗孟华和儿子杨振宁相依度日。

从杨振宁牙牙学语开始，母亲就教她各种小知识，4 岁时，母亲开始教她识字，仅仅在一年的时间里，杨振宁便认识了 3 000 多字。在杨振宁 5 岁时，母亲特意请来一位家庭教师，专门教杨振宁和他堂兄弟们读书，读的第一本书就是《龙文鞭影》。母亲还经常给他讲杨家将和岳飞精忠报国的故事，从小便给他播下了爱国的种子。

杨武之回国后被聘为厦门大学数学系教授，在厦门大学任教一年，便到了清华大学，历时 8 年。其间，他教给杨振宁许多知识，也经常对他进行了爱国主义教育。

抗日战争爆发后，杨武之举家迁至昆明西南联大。那时，杨振宁已读高中。一天，杨振宁挺认真地对父亲说：“爸爸，我长大了要争取获得诺贝尔奖!”杨武之慈祥地看着儿子，热情地鼓励他：“好好学吧!”并勉励他一定要为中华民族争气。

母亲常常嘱咐杨振宁千万不要以升官发财为人生目的。为使儿子奋发向上，她曾推荐杨振宁阅读父亲藏书中的《本杰明·富兰克林传》，激励他刻苦学习。还时时提醒他不要忘记杨家将与岳飞的故事，勉励他长大后要为国争光。杨振宁后来谈到他母亲时感慨地说：“到现在我自己年纪大时，从我和子女的接触中，才深深体会到母亲对我的成长所给予的熏陶和影响。”

正因为杨武之夫妇不仅教授儿子文化知识，而且还十分注重对他进行中国传统文化和爱国主义教育，成就了杨振宁一生的中国情结，培养了一位爱国赤子。

在杨振宁长大成人，学有所成，甚至成为世界名人之后，父亲对他的谆谆教诲仍不减当年。1957 年 8 月，在杨振宁即将获得诺贝尔奖之际，在周恩来总理的关怀下，杨振宁在日内瓦与久别的父亲见面。父亲以“有生应感国恩宏”的题词教诲儿子要不忘祖国人民的养育之恩。

爱国心的培养与教育，是一个潜移默化的过程。父母千万不可忽视对孩子进行爱国主义教育。因为爱国是道德中的最高境界，是一个民族、一个国家不断强大、生生不息的不竭动力。

为了培养孩子的爱国情感，父母首先应从爱父母、爱家乡、爱老师同学、爱学校、爱国旗国徽、学唱国歌等小事教育孩子，让孩子由具体形象的情感熏陶上升到理性认识，由爱国之心上升到报国之志。其次，充分利用报纸、杂志、电视等大众媒体，引导孩子阅读爱国主义教育的书籍，以及爱国主义教育文章、先进人物的事迹，激发孩子的爱国情感。最后，还应抽出时间带孩子参观爱国主义教育基地，参与爱国主义实践活动，或者游览祖国的大好河山，名胜古迹，增强孩子的爱国情感，并内化为具体的实践活动。

专家建议

爱国是个人道德的最高境界。作为中华民族的后代，都应有爱国之心。特别是在国际交往中，与外国人打交道时，一定要以自己是中国人而自豪。父母应在孩子小时就对他进行爱国主义教育，对孩子进行情感熏陶。

(1) 父母应纠正自己的认识，不能认为爱国与学习无关，也不能认为对孩子的爱国教育是以后的事。

(2) 父母教育孩子爱国，首先要从爱父母、爱家乡、爱学校等教育开始，以爱国英雄人物、革命传统教育孩子，激发爱国情感。其次，借助各种大众传媒对孩子进行爱国教育。最后，应抽出时间陪孩子参观爱国主义教育基地，游览祖国名山大川，参与爱国主义实践活动，以增强孩子的爱国情感。

5. 用爱心美丽世界

“只要人人都献出一点爱，世界将会变成美好的人间。”这句歌词曾激励了许多人用爱心去创造美丽的世界。冰心曾说过：“有爱就有一切。”不错，正因为有了爱，世间的一切才更加美好，因为有了爱心，世界才会更加美丽。

然而，今天的孩子往往忽略了这点，他们只要求别人关心自己，却从不知道关心别人；只习惯于别人为他服务，却不懂得也要为他人服务。前苏联教育学家苏霍姆林斯基一再建议：“我们在教育上首先关心的是要让孩子体会到为母亲、为自己的同学而劳动的自豪感。见到他（她）眼里闪烁着作为人的这种自豪感后，我才能说，现在，这个人身上的人性诞生了。”英国著名教育家赫·斯宾塞也曾说过：“爱心是美德的基础，也是美德最直接的表现。”可见，对孩子的爱心教育是不可缺少的。

正林是一名二年级男生，由于父母工作调动，他也转进了另一所学校。刚刚进入新的环境，他周围没一个认识的小朋友。怎么办呢？第一节课，他帮邻桌的一个小朋友拾起了掉在地上的铅笔，他们两个人就一起玩了。再下一节课后，他扶起跑得太快而跌倒的另一位小朋友，于是，他在短短的时间里拥有了

两个小伙伴。放学后，正林还主动留下来帮助几个值日生搞卫生，然后一起回家。这样一来，不到三天时间，他与班上所有同学都熟悉了，而且小朋友们都乐意跟他一起玩。

在孩子们的交往中，像正林那样热情开朗、乐于助人和富有爱心的孩子总能很快便融入群体，被同学所接纳，从而感到轻松快乐。而那些孤僻的孩子往往是由于冷漠，不关心别人，一味以自我为中心，因而时时会感到紧张和孤独。有句俗话说："赠人玫瑰，手留余香。"富有爱心的人，很少计较个人得失，只是不停地付出，结果他收获的不仅是快乐，而且也会得到他人的尊重和喜爱。

天津市岳阳道小学六年级有一名学生，很有爱心。在学校少先队倡导的"手拉手希望工程"互助活动中，他与河南一名贫困生结成了对子，他用省下来的压岁钱和零花钱给那名学生买了书、衣服，得到了父母的支持和鼓励。两年来，他用自己积攒下来的钱支援了"手拉手"小伙伴。

有一年寒假，他参加学校少先队组织的慰问活动，当他看到 80 多岁的退休教师王奶奶孤身一人时，便萌动了帮助、照顾王奶奶的念头。回家后，他把想法告诉了父母，得到了父母的支持。每到双休日和节假日，一家三口经常到王奶奶家帮助打扫卫生、买米买菜。第二年除夕，一家三口还准备了丰盛年夜饭，到王奶奶家与她共度除夕之夜。

孩子的这份爱心是可贵的，因为他的爱心，河南的那名贫困生得到了援助，王奶奶也拥有了晚年的幸福。而他的这些爱

心活动，都得到了父母的支持和鼓励。

可见，教育孩子要懂得奉献爱心，靠单纯的说教是不可能达到目的的。所谓“身教胜于言教”，父母自己首先要富有爱心。在与孩子一同外出时，比如在公共汽车上，父母能主动为老年人让座；过马路时，看到老人主动帮助搀扶一下。这样就会在孩子心里播下尊老的种子。以后即使父母不在场，遇到同样的情况，孩子便会学着父母的样子主动去做。其次，要引导孩子热爱师长、尊重师长、帮助同学，鼓励孩子积极为班集体、为他人做好事。比如：同学有难了，要主动帮助想办法。乐于助人，献给他人一颗爱心。最后，父母要注意对孩子的教育方式。著名教育家刘绍禹说：“我们不要过多关心孩子，过多的关心会造成孩子自我中心心理，会让孩子成为一个自私自利的人。”孩子的自私，往往是父母的溺爱和迁就造成的。因而，父母不能溺爱孩子，不能无原则地迁就孩子。

在里约热内卢的一个贫民窟里，有一个男孩，他非常喜欢足球，可是又买不起，于是就踢塑料盒，踢汽水瓶，还从垃圾箱拣来椰子壳踢。他在巷口里踢，在能找到的任何一片空地上踢。

有一天，当他在一个干涸的小池塘里猛踢一只猪膀胱时，被一位足球教练看见了。他发现这男孩子踢得很是那么回事，就主动提出送给他一只足球。小男孩得到足球后踢得更卖劲了，不久，他就能准确地把球踢进远处随意摆放的一只水桶里。

圣诞节到了，男孩的妈妈说：“我们没有钱买圣诞礼物送给我们的恩人，就让我们为他祈祷吧。”

小男孩跟妈妈祷告完毕，向妈妈要了一只铲子跑了出去，

他来到教练别墅前的花圃，开始挖坑。

就在他快挖好的时候，教练从别墅里走出来，问小孩在干什么。小男孩抬起满是汗珠的脸蛋，说："教练，圣诞节到了，我没有礼物送给您，我愿给您的圣诞树挖一个树坑。"

教练把小男孩从树坑里拉上来，说："我今天得到了世界上最好的礼物，明天你到我的训练场去吧。"

3年后，这位17岁的小男孩在1958年"世界杯"足球赛上加盟的巴西队第一次捧回金杯。一个原来不为世人所知的名字——贝利随之传遍世界。

小贝利用自己的实际行动，表达了对教练的爱心和感激，也得到教练的喜爱和培养，最终成为世界球王。

学会用实际行动表达出对别人的体贴和关爱，我们的世界就会变得更加绚丽多彩。

1946年，路易斯·斯洛汀是一名美国原子物理学家，负责研制原子弹的一个部件。一天，他在实验室做核实验，实验内容是用螺丝刀轻轻地把一块块钚片聚集成一团，使它大到足以产生链式反应。不幸的是，螺丝刀突然滑落，钚片一下子靠得太紧。瞬间，每个人观察的仪器都显示出中子正在剧增，表明链式反应已经开始。整个房间充满着放射线。在这千钧一发之际，斯洛汀立即用双手把钚片分开。这实际上是一个自杀行为，因为这样做使他暴露在最大剂量的放射线下。然后，他平静地要求7名合作者精确地标出他们在事故发生时所处的位置，以便确定每个人受辐射的程度。做完这些事，斯洛汀向医疗救护站报警，然后充满歉意地对同事们说，他将死去，而大家肯定会康复。

富有爱心的人，在生活中，总是能够站在他人的位置，替他人着想，用行动来表达自己的爱心。

100分孩子，应该能站在他人的角度替他人着想，主动奉献自己的爱心。

专家建议

一个富有爱心的人，一定会主动关心他人、帮助他人，从而易于消除彼此间隔阂；一个富有爱心的人，必然也是朋友遍天下的人，不但不会因此而烦恼、苦闷和不愉快，而且有助于自己的事业成功。爱心是从小教育与培养的结果。

（1）父母首先要有爱心，乐于助人，做孩子的榜样。

（2）父母要引导孩子从事一些诸如爱父母师长、爱亲友同学、帮助他人的日常小事。

（3）孩子要有正确的“爱心”意识，关心他人也就是关爱自己。

（4）孩子还要时常换位替他人着想。

6. 让孩子懂得感恩

有一句俗话说：“滴水之恩，当思涌泉相报。”意即别人给自己一点点帮助，也要牢记在心，要加倍的回报。在生活中，人们把懂得回报的人尊为“有良心的人”，而把不懂回报只知索取的人贬斥为“没良心的人”，甚至说成是“披着人皮的狼”！

感恩，是我们中华民族的传统美德。懂得感恩，知道回报的人历来被人们敬重。然而，有些独生子女的意识中，“他人”的观念十分淡薄，“自我”观念非常突出。别人为他做的一切，他都认为是应该的，不需要感谢，也无须回报。在他们的潜意识里，很少会有感恩的念头。在家庭中，他们不知道孝敬父母，不了解爸妈的辛苦和不易，只知道一味向父母索取，抛弃了对父母应有的孝心；在家庭外，他们只知接受别人的馈赠与帮助，而忽略了一声真诚的“谢谢”。“子不教，父之过”，孩子没有感恩之心，其实是父母的责任。

教孩子学会感恩，首先要从对孩子的孝心教育开始。能否孝敬父母，不仅仅是子女对父母的态度，其实质是道德品质的大问题。有不少孩子只知道埋头读书，心中只有自己，没有他人，以自我为中心，自私自利，个人利益至上，不关心集体和他人，不尊重长辈，不孝敬父母。而对孩子的这些问题，必须从道德细节做起，让孩子拥有一颗孝心。

第一，让孩子理解父母的艰辛。

现在，不少孩子聚在一起，往往喜欢吹嘘父母给自己买了什么，带自己到什么地方去玩了，却不愿讲父母真实的工作状况。事实上，很多孩子根本就不知道父母从事怎样的工作，更不了解父母的艰辛，不了解也就不会理解，所以也就谈不上孝敬了。所以父母应有意识让孩子了解工作的艰辛。

成成的爸爸下岗了，为维护全家生计，只得在街头摆了个修车摊。成成感到很没面子，由于家庭收入明显减少，给他的零花钱也少了，所以成成老是不高兴，对爸爸妈妈从来就没个

好态度。

暑假中的一天，成成陪着爸爸去街头替人修车，他在爸爸的指导下拧了几下扳手感到非常吃力。站在夏日的阳光下，爸爸浑身都湿透了，这一切成成都看在眼里。回家后他一语不发，心中满是愧疚。从此，每当爸爸回家，他必定倒好一盆温水，绞干毛巾塞到爸爸手中。那分真诚的孝心，出自对父亲艰辛的感激和敬重。

第二，要让孩子从小事做起。

在日常生活中，细节最能表达孝心。对孝心的培养应从细节入手。比如：有好吃的东西，要让孩子懂得与父母一起分享；在家中做些力所能及的家务；对父母的言语要礼貌……

第三，要让孩子感受到表达孝心的快乐。

千万不要让孩子觉得孝敬父母是一种强迫性劳动，这样孩子只会把行孝当成是负担，要使孩子在知道父母的艰辛与不易之后，把表达孝心变成自觉自愿的行动。一旦孩子表达了孝心，父母应及时表现出欣慰和满足，必要时还应给予必要的鼓励，让孩子觉得表达孝心很幸福，很快乐。

小海是一个懂事的孩子，每到周末的时候他都要去两公里以外的树林里捡柴火。那天天气很好，小海一会儿就捡到了许多木柴。太阳升起来了，小海感到口渴难耐。于是他找了一个阴凉的地方休息，顺便吃些东西，因为回去还有很长的一段路要走。

小溪旁边有一棵大树，那可是个不错的休息地方。当他到了那里的时候，发现那里长着一些熟透了的野草莓。

“正愁着这些干巴巴的烙饼怎么吃下去呢，草莓夹在烙饼里的味道一定好极了！”小海把帽子放在草地上，小心翼翼地把熟透了的野草莓一个个装在里面。

“要是妈妈能和我一起分享这些美味该有多好呀！可是她现在却在阴暗的屋子里承受病魔的折磨。”想到这里，小海把即将送入嘴里的草莓放了下来。

“还是给妈妈留着吧！她现在正病着呢，吃了这些草莓，她一定会好受一些！”小海想道。

可是那些草莓实在是太诱人了，小海心想：“我干了一天活了，就吃一点吧。”于是他就把草莓分成两堆。但是，每一堆看起来都很小，他便又将它们放到了一起。

“只尝一个！”他想。快要送到嘴里的时候，他发现那是最好的一颗，于是他又把草莓放下了。心想：“我要把最好的留给妈妈，不，我要把全部的草莓都留给妈妈。”

最后，小海一颗草莓也没有吃，便又去捡柴了。

黄昏的时候他回到了家，当他放下柴火时，听到了妈妈的呼唤：“小海，你帮妈妈倒杯水吧！我有些口渴。”小海高兴地把草莓送给妈妈。

“这是你专门留给妈妈的吗？”妈妈眼中充满了泪水。

“是的。”小海说。

“妈妈因为有你这样的孩子而感到骄傲！”

小海心想：“原来省下几个草莓给母亲也有如此幸福的感觉！”

赡养父母，人之天职；孝顺父母，人之常情。小海没舍得吃草莓，是因为他内心明白要对父母有孝心，好东西不能独自享用。而母亲的赞扬，使他感受到表达孝心的快乐，鼓励了他的孝敬行为。可见，对孩子的孝心教育就体现在日常生活的点滴之中。

父母除了对孩子进行孝心教育之外，还要注意教育孩子把这种孝心推广，让孝心扩展成孩子的感恩心。除了感谢生养自己的父母和尊敬长辈之外，对所有给予帮助的人、生活中的一切美好事物都要存有感激之心。

时时感恩的人，总是欣喜而满足，因为他们少计较，常用心灵放大镜来欣赏世界的美好。这份美好的情怀，往往给人际关系的发展带来莫大的帮助。于是，摩擦减少了，争执不见了，取而代之的是无尽的包容和温柔的笑语。懂得感恩，心灵上会减少重重的包袱，所以能得到快乐。懂得感恩的人，浑身能散发出极大的工作热情，常常会有积极的心态，因而会将工作做得尽善尽美，即使有过失，他人也会以同样的宽容对待，他自己也会积极改过，做得更好。

100分父母，应该从生活中的细节去培养孩子一颗感恩的心，让孩子处处都能享受到快乐！

100分孩子，这世间美好的一切，期待发现的眼睛！更需要用一颗真诚的心来体会！懂得感恩，你的人生处处都有快乐！

专家建议

一个人因为有一颗感恩的心，才能体会到世间的美好，才能发现和享受到人生的快乐。

(1) 100分父母培养孩子感恩之心，先从细节上对孩子进行孝心教育，这样孩子才会从爱父母、爱家人推广到爱他人，爱世间的一切美好事物，才会产生对人或事的感恩之念。

（2）100分孩子要从小养成孝敬父母、尊敬老人、诚实宽容待人的习惯。要用心去包容他人，包容万物，用心去发现世间的美好，时时感恩，则会处处快乐。

7. 节俭是永不过时的美德

俗话说："静以修身，俭以养德。"节俭是中华民族的传统美德。现代社会中，随着经济的发展，人们的物质生活水平日益提高，节俭这一美德渐渐被人们抛置脑后。特别是当今社会，父母们总认为"再苦不能苦孩子"，只要是孩子开口要的，父母必定会想方设法满足孩子，导致孩子根本就没有节俭意识。当孩子花钱大手大脚，穿着一味讲究名牌，父母感到了经济压力，再要求孩子节俭时，孩子却变得不屑：都什么时代了，节俭早过时了！于是有些父母感觉头疼了，不满足孩子的需求时，孩子说父母抠门；有的孩子还憎恨父母，甚至背着父母拿家里的钱去挥霍；有的孩子因为要"找钱"花，而走上了违法犯罪的歧途。因此，父母应在孩子小时候就将节俭植入孩子的心里。

节俭是传统美德，无论是贫穷年代还是富裕年代，都应当崇尚节俭。从小的方面看是为了居家过日子，从大的方面看是为了节约社会资源。所以，尽管生活条件提高了，父母自身应做好榜样，崇尚节俭。

春节刚过，涛涛便嘀嘀咕咕给几个同学打了很久的电话。下午6点半时向妈妈说去同学小斌家就出门去了。8点半，涛

涛还没回家，妈妈很急，便打电话去小斌家。小斌家人也正急着找小斌，也正往各个同学家打电话。妈妈又往其他同学家打电话，结果都没有儿子的消息。直到 10 点过后，涛涛才回到家里。

在妈妈的追问下，涛涛说他用压岁钱请小斌、凡凡、明明等 3 位同学洗桑拿去了。原来，在春节时，他从爷爷、奶奶、外公、外婆多处得到了 1 000 元压岁钱。他们先在麦当劳吃了饭，8 点半就打的一起洗桑拿去了。洗头、搓背、洗脚共花去了 600 多元。

涛涛说，他与其他 3 位同学关系很铁，大家平时经常在一起打游戏、看电影、吃火锅，相互请客。这次就想要创新，以前常看见大人请朋友洗桑拿，因此也学着大人的样子，请同学一起洗桑拿，轻松轻松。

涛涛是学大人的样子请同学洗桑拿，高消费，可见父母要培养孩子节俭美德，自己应当做孩子的榜样，科学合理消费，崇尚节俭。

有许多父母认为，过去经济条件差，自己受了许多苦，现在富裕了，应该给孩子充分的物质享受。这种补偿心理不利于培养孩子的节俭美德。有些父母认为，别人家孩子有的，自己家孩子也该有，不能跟不上“潮流”。这种攀比心理也是造成孩子挥霍浪费的原因之一。还有些父母认为，自己有钱，孩子在吃、穿、玩等方面理应比其他孩子高。这种炫耀心理是要不得的，这是无原则地对孩子溺爱，不利于培养孩子的节俭。所以，父母要让孩子养成节俭的美德，除了要以身作则，做好榜样外，还必须改变不良心态。

心理学家约翰·罗斯蒙通过研究发现，当拿走孩子的大部分玩具后，他们反而变得更加会动脑，而且玩得也更有乐趣。这提醒父母，让孩子节俭，还可以帮助孩子进行思考和创造。同时也告诉父母，不能无原则地满足孩子的任何要求。如果孩子想要什么，马上就能得到满足，这是养成孩子奢侈习惯的直接诱因。因为容易到手的东西，孩子是不会爱惜的。越不爱惜，就会越加浪费，这对培养孩子节俭是极其不利的。另外，给孩子的零花钱也要适度，引导孩子合理消费。

《颜氏家训》中说：“一粥一饭，当思来之不易；半丝半缕，恒念物力维艰。”100分孩子要养成节俭的美德，首先要明白吃的、穿的、用的每件东西，都是父母辛勤的劳动换来的，应该珍惜，不能浪费。其次，应积极去从事一些力所能及的劳动，体会劳动的艰辛，这才能理解一切来之不易，意识到应该节俭。再次，要深刻理解节俭的重要性，节俭不仅是居家过日子的需要，也是节约社会资源的需要。最后，崇尚节约，必须科学合理消费，反对高消费，反对盲目攀比。

专家建议

节俭是中华民族的传统美德，不会因为现代经济的发展而显得过时，让孩子从小养成勤劳节俭的美德，是家庭教育必须面对的一个课题。

(1) 父母要做孩子节俭的好榜样。

(2) 父母应改变不良心态，补偿心理、攀比心理和显富心

理都不可取。

(3) 父母给孩子的零花钱要适度，要注意引导孩子合理消费。

(4) 孩子自己要积极去做些力所能及的事，体验劳动的艰辛，从心理上和实际行动中去理解节俭的重要性。

(5) 孩子要科学合理消费，反对过高消费和盲目攀比。

童言无忌

叫你嘴硬

父亲拿起儿子的成绩单，当看到“操行评语”栏时，勃然大怒，他狠狠地给了儿子一巴掌，喝问：“你都跟谁打过仗?”

“没……没有……”

“叫你嘴硬!”父亲又是一巴掌，“这上面明明写着：‘你和同学能打成一片!’”

科学对待

一个哲学系的大学生骑自行车与一个青年相撞，青年破口大骂，大学生却大笑不止。

一过路人问大学生：“他骂你，你为什么反而大笑。”

“骂人不过是把气愤转嫁给对方，”大学生说，“当他达不到目的时，他会更加气愤的。”

好性格成就一生

性格决定命运，良好的个人性格能成就人的一生。而良好性格的形成，不仅受到先天遗传因素的影响，而且与后天的环境和教育紧密相关。成就一生的好性格应该从小培养。

童言无忌

虫子起得早太傻

小明的爸爸对小明讲睡懒觉的坏处。最后，他作结论说：“孩子，你要记住，只有起得早的鸟儿，才能捉到虫子。”

小明说：“那么，虫子起得早不就太傻了吗？”

就会放一分的硬币

化学实验课堂上。

老师一只手拿着装有硫酸的烧杯，另一只手拿着一枚一元的纪念币，然后把钱币放入烧杯里。

老师问学生：“酸的强度能不能熔解这块钱币？”

大家都沉默了，不敢作出肯定的回答。小明站起来说：“不能。”

老师满意地说：“答得对。请你告诉同学们，为什么不能？”

小明说：“假如烧杯里的酸达到了能熔解钱币的强度，那您就不会放一枚一元的纪念币，而是放一枚一分的硬币。”

1. 自信是迈向成功第一步

自信是迈向成功的第一步，是人的能力催化剂，是孩子成长中特别重要的个性品质。孩子的自信是建立在自我意识成熟的基础上的，是自主精神的重要内容。对于大多数人来说，正常的智力加上高度的自信，就能取得成功。缺乏自信的人，通常都胆小怯懦，畏首畏尾，难以成就任何事业。有人曾问居里夫人："你认为成才的窍门在哪里?"居里夫人肯定地说："恒心和自信心，尤其是自信心。"可见，伟人们都十分推崇自信，也正是在这种自信的驱动下，伟人们才敢于对自己提出高要求，在一次次失败中看到成功的希望，鼓励自己不断努力，获得了最终的成功。

伟大的发明家爱迪生为找寻可作灯丝的材料，经历了一千多次的失败。但每次失败之后他都很自信，从没丧失继续实验下去的勇气，所以才成就了他最终的成功。有记者曾经就此事问他，他答道："我哪里是失败了一千多次？其实我是成功地找到了一千多种不适合做灯丝的材料。"可见，正因为有了自信，失败也并不算什么；正因为有自信，爱迪生在他的发明世界里总能享受到常人不能感觉和享受得到的快乐。这就是成功者应有的心态！

自信对每一个人都有着极其重要的作用。一个没有自信的人，就缺乏干好工作的主动性和积极性，做任何工作都不可能取得成功。而孩子的自信心如何，则关系到孩子成长的方方面面，是决定孩子能否成人和成才的大问题。因此，父母和孩子都不可忽视。

孩子的自信不是生来就有的，而是经过后天培养出来的。帮助孩子培养自信，是父母义不容辞的责任。孩子的自信就像一棵小小的幼苗，稚嫩柔弱，需要细心呵护，不断浇水施肥，才会健康、茁壮地成长。

真真7岁了，成了一年级的小学生。才几个月，她就很好地掌握了字母发音和拼音规则，并且还能正确拼写。妈妈非常高兴，她终于找到真真的闪光点了。以前上幼儿园时，数学不懂问妈妈，语文不懂就问爸爸，真真从来都只有“听话”的份，没有发言的“权”。

一天，一家人高高兴兴聚在一起。妈妈郑重地宣布，真真是家里汉语拼音的权威。因为家里的大人都有南方口音，普通话读音不准。所以在家里，谁遇到读不准的音，拼不准的字，都要向真真请教，她是全家学习汉语拼音的老师。真真大为振奋，高兴得手舞足蹈。于是，妈妈又告诉她，当老师就要做出老师的样子，不可以随便弄错呀！真真认真地点点头。此后她学习就更加用心了，测验几乎都是满分。无论班上同学还是家里人，都经常向她请教。她还真像个小老师，现在，数学、语文都学得很棒，再也不像以前那样依赖爸爸、妈妈了。

著名的儿童教育家陈鹤琴认为，小孩有一个重要的心理特征，就是喜欢称赞、嘉许、奖励，而不喜欢禁止、抑郁和消极的刺激。妈妈正是抓住了儿童这一重要的心理特征，培养了真真的自信。可见，赏识和激励是引导孩子树立自信、激发斗志、勇于拼搏的一种重要方法。所以，100分父母一定要注意通过赏识激励培养孩子的自信。为此，需要注意以下问题：第一，千万不要把孩子的缺点挂在嘴上。父母发现孩子的缺点，可采用暗示的方法帮助孩子去改正。如果把孩子的缺点挂在嘴上，则会严重挫伤孩子的积极性，孩子也就会在失败后丧失自信。第二，给予尝试机会，适当降低标准，让孩子有收获成功的可能。父母不应把一切事情都包办代替，应给予孩子尝试的机会，同时适当降低对孩子的标准，所谓“跳一跳，能摘桃”，孩子获得了成功，也就能找到自信。第三，认真观察孩子，善于发现孩子的闪光点，哪怕是孩子的一点点进步，都要及时给予赞赏。任何孩子都会有某一方面的闪光点，父母要善于发现，及时鼓励，这样孩子才会有自信，才能有勇气去征服一切困难。第四，鼓励孩子适当的冒险，孩子的自信也来源于冒险的成功，通过冒险，孩子能获取新奇的体验。

许多有成就的人在孩子时代就懂得了自信的重要，因为他们除了有父母师长的帮助外，主要靠自己的能力去征服困难，取得了一次次的成功。孩子自己应该如何培养自己的自信呢？第一，自己要尝试做应该做的事。任何事都有一个由不会到会的过程，但总以自己不会作为借口，那永远都是不会，因而必须尝试。第二，全面估计自己的能力。既不能自负，也不可自卑，全面估计自己的能力，才不至于被失败打垮。第三，遇到困难的事，不妨把它分化为一个个小目标，一步步去实现小目标，一个个小目标实现了，最终困难也就解决了。第四，任何时候都要乐观，特别是遇到困难和挫折时常对自己说“我能行”，能够使自己逐步树立自信。第五，多进行体育活动，培养自己的勇气、毅力和冒险精神，同时也培养了自信。

100分孩子，永远不会抛弃自信！

专家建议

自信是迈向成功的第一步，是能否成功的先决条件。

(1) 父母不应把孩子的缺点挂在嘴上，也不可拿孩子的缺点去比别的孩子的优点。

(2) 父母要给孩子以尝试的机会，从日常小事做起，锻炼孩子的能力。

(3) 父母要善于发现孩子的闪光点，多给孩子赏识和激励。

(4) 父母要尝试放手让孩子进行一些新奇的冒险体验，让孩子在征服中建立自信，放手过程中要注意适当地指导孩子。

(5) 孩子必须从尝试做日常小事开始，培养自己的自信。

(6) 自信不等于自负，孩子要注意正确估量自己的能力。

(7) 孩子可以经常对自己说“我能行”，保持积极乐观心态。

(8) 小目标分化法是一种很好的方法，面对一时难以解决的问题，不妨把它分化为多个小目标，然后一个个去实现。

2. 微笑挑战困难

人生路上，困难在所难免。要想成功，不仅需要胆识、才能，还需要乐观与坚强。“自古雄才多磨难，从来纨绔少伟男”，坚强的个性在一个人的成长过程中起着十分重要的作用。

一次，辛蒂到山上散步，身上带回一些蚜虫。回家后她拿起杀虫剂对着蚜虫喷洒，却突然感觉到一阵痉挛，本以为只是暂时性症状，岂料她的后半生就此变为一场噩梦。

这种杀虫剂内所含的某种化学物质，使辛蒂的免疫系统遭到破坏，使她对香水、洗发水以及日常生活中接触的一切化学物质一律过敏，连空气也可能使她的支气管发炎。这种“多重化学物质过敏症”是一种奇怪的慢性病，到目前为止尚无药可医。

患病的前几年，辛蒂一直流口水，尿液变成绿色，有毒的汗水刺激背部形成了一块块疤痕。她甚至不能睡在经过防火处理的床垫上，否则就会引发心悸和四肢抽搐——她所承受的痛苦是令人难以想象的。四年后，她的丈夫用钢和玻璃为她盖了一间无毒房间。她所有吃的、喝的都得经过选择与处理，她平时只能喝蒸馏水，食物中不能含有任何化学成分，依靠的是人工灌注的氧气生存，并且只能以传真与外界联络。

多年来，辛蒂没有见到过一棵花草，听不见一声悠扬的歌声，感觉不到阳光、流水和风的快感。她躲在没有任何饰物的小屋里，饱尝着孤独之苦。更可怕的是，无论怎样难受，她连哭泣都不能，因为她的眼泪与汗液一样也是有毒物质。

坚强的辛蒂并没有在痛苦中自暴自弃，她一直在为自己，更为所有化学污染物的牺牲者争取权益。她生病后的第二年就创立了“环境接触研究网”，以便为那些致力于此类病症研究的人士提供一个窗口。在生病的第十年，辛蒂又与另一组织合作创建了“化学物质伤害资讯网”，促使人们自保，免受威胁。目前这一资讯网已有5 000多名来自32个国家的会员，不仅发行了刊物，还得到了联合国及欧盟、美国上议院的大力支持。

在巨大的灾难面前，辛蒂没有退缩、气馁和颓废，而是坚强地挺住，微笑着挑战困难，正如她自己所说的："因为我不能流泪，所以我选择了微笑。"在生活中，孩子们的成长总会遭遇各种各样的挫折和困难，要想成才，必须具备坚强的个性，以乐观的心态去迎战困难。为此，在家庭教育中，父母必须注重培养孩子坚强和乐观的性格。

孩子坚强和乐观的性格不是与生俱来的，而是取决于后天的教育和环境的影响。卢梭曾指出："人们只想到怎样保护他们的孩子是不够的，应该教他成人后怎样保护自己，教他经受住命运的打击，教他不要把豪华和贫困放在眼里，教他必要时候在冰岛雪地里或者马耳他岛灼热的岩石上也能生存。"可见，使孩子拥有坚强和乐观的性格，必须让孩子有挑战困难的机会。然而，在许多家庭中，孩子受到的照顾可谓无微不至。长辈们对孩子的爱，就是让他们幸福，一切包办代替，而且一包到底，把自己认为能使孩子感到幸福的东西都给了孩子，唯独没有给孩子磨练的机会。因而导致孩子胆小、怯懦、自卑，经受不起挫折的打击，不敢主动去挑战困难。

6岁时，小勇被选中练体操，教练还特意做了家访，从体质和遗传方面来分析，小勇很适合练体操。

训练一年中，小勇从来没缺席过，仿佛着了迷似的。在训练中，他的胳膊脱臼过，他也不肯休息，顽强地坚持着。一次，他患了感冒，长辈们急了，这样下去不行！硬是不顾小勇的反对，坚决要把他从体操队拉回家。他们认为：孩子还太小，不能吃那么多苦。最终教练没办法，只是惋惜浪费了一个体操好苗儿。

在父母长辈的过分关怀下，8 岁时小勇已大不如从前。又一次，他患上了感冒，本来也不怎么难受，吃点药已好多了，但他坚决不去上学，竟在家里呆了一周。

进行体育训练，是锻炼意志、培养孩子坚强个性的一个重要途径。在训练过程中，由于能跨过一道道难关，所以带给孩子的不仅有坚强，还能让孩子积极去迎战困难，养成乐观向上的性格。无疑，小勇前后的变化应该给父母深刻的警示。

父母不要过分溺爱，不要一切包办代替，让孩子经历一些挫折是应该的，这就是给孩子迎战困难的机会。另外，父母也要以身作则，以自己的坚强和乐观去感染孩子，潜移默化地影响孩子。

感动连云港的少年张斯振，家住连云港赣榆县罗阳镇张孟村，母亲樊俊声因患有类风湿性关节炎卧床不起，丧失了生活自理能力。由于家贫，辛劳的父亲因脑血栓发作过早地离开了人世。从此，家里家外都是张斯振一人料理。要干农活，照顾卧床不起的妈妈，还要搞好自己的学习。面对这些困难，张斯振坚强地挺住了。在他精心照顾下，妈妈不仅身上没有褥疮，而且精神状态也很好。他勤奋好学，中考时以优异成绩考取了省重点高中。为了省下学费，他便选择了到另一所收费便宜的学校，但离家却有15 公里之遥。他既要学习，又得照顾母亲，所以毅然决定带着妈妈去上学。他的行为，感动了全校师生，感动了整个连云港市。

一个年幼的孩子，并没有被家境困难吓倒，张斯振事迹的

确令人耸然动容。无论家庭条件怎样，张斯振面对困难所表现出来的坚强，是值得每个孩子学习的。

许多研究都表明，人与人的智力因素相差无几，决定成功与否的关键就是看是否具有坚强的个性，在面对困难时是否有乐观的心态。这种坚强、乐观的个性需要不断磨练才能最终巩固下来。100分孩子，要注意在日常生活中，不要一味依赖父母，要自己动手。遇到困难时，要微笑面对，尽自己的能力去解决。还有，要从小树立远大理想，用理想来激励自己奋发向上、积极乐观。

专家建议

生活中的困难在所难免。坚强的人，会微笑着去挑战困难，获取最终的成功。孩子是否坚强、乐观，将决定其一生的命运。

（1）100分父母会注重培养孩子坚强和乐观的性格。首先能纠正自己的认识，不要溺爱孩子，不要为孩子包办代替一切，给孩子磨练的机会。另外，能以身作则，以自己的坚强和乐观去潜移默化的影响孩子。

（2）100分孩子自己不会一味依赖父母师长，自己的事自己动手，遇到困难和挫折，要微笑面对，尽自己所能去解决。另外，要树立远大理想，以此来激励自己。

3. 为自己的行为承担责任

人永远也无法逃避责任，孩子也不例外。负责任的孩子能运用自己的智慧、信心和判断力去做出决定，独立行事，考虑自己的行为后果，并且在不影响他人权利的情况下实现自己的需要。他们明白自己的义务，并主动履行义务，主动承担起自己的一切行为后果。然而，在现实生活中，许多孩子却总能为自己的行为找出各种各样的借口，来逃避应该承担的责任。

孩子们天生并不知道要对自己的行为负责，家庭教育是使孩子明白主动承担自己责任的主要途径。孩子只有在家庭环境中长出“负责任”的幼苗，才能在更复杂的社会环境中经受考验，不断磨练，最终会成为一个自强、自立的人。

美国前总统里根小时候特别爱踢球。一次，他不小心把球踢到了邻居家的窗户上，玻璃稀里哗啦落了一地。邻居闻声走了出来，要里根赔偿 12.5 美元。可里根哪有 12.5 美元呀？于是，他只好回家去找爸爸。爸爸得知了事情的经过后，让里根自己想办法。里根十分为难地说：“爸爸，我确实没有 12.5 美元。”爸爸想了想，从兜里掏出 12.5 美元说：“这笔钱我先借给你，你一年后一定要还我。”

从那以后，年幼的里根开始了艰苦的打工生活。经过半年的努力，他终于挣足了 12.5 美元，还给了爸爸。

在回忆录中，里根说，正是通过这件事情，使他懂得了一个人要对自己的行为负责。

可见，父母在宽容孩子过失的基础上，应该教育孩子要为自己的行为负责。不论孩子有什么过失，只要他有一定承担责任的能力，就应当让他承担责任，这才是父母真正的爱心。

但是，许多父母往往过低地估计孩子的能力，总是以孩子

太小为理由不让孩子对自己的行为负责。天长日久，孩子往往会形成一种依赖心理，不愿对自己的行为负责。所以，要想使孩子成才，必须让孩子明确责任，明确自己不负责任可能会导致哪些后果，这样会增强孩子的责任感，培养孩子办事负责的态度。因而，父母不必把孩子照顾得太过于周到，孩子的所作所为所造成的后果，理应让孩子自己去承担。

一个不愿对自己行为负责的人，即使身居要职，也会玩忽职守；即使腰缠万贯，也会贪赃枉法。只有对自己的行为主动承担责任的人，将来才会成为一个对社会有用的人，一个受欢迎受尊敬的人。

在一个风和日丽的午后，11岁的林杰和小朋友躲在一位老太太家的后院里，朝她的房顶上扔石头。他们饶有兴味地注视着石头像子弹一样飞出去，又像彗星一样从天而降，并发出很响的声音。他们觉得这样玩很开心，很有趣。

当林杰再拾起一块石头时，也许因为那石头太滑，他掷出去的时候，一不小心，石头偏了方向，一下子飞到了老太太的窗户上，当他们听到玻璃破碎的声音时，就像兔子一样逃走了。

这天晚上，林杰整夜未睡，一想到老太太家的玻璃就很害怕，他担心老太太会知道。很多天过去了，一点动静也没有。他确信已经没事了，但内心的犯罪感却与日俱增。

于是他决定给邻居们送报纸攒钱给老太太修理窗户。三周后，他终于攒够了钱，便写了张便条，把钱放在一起装在一个信封里。他向老太太解释了事情的来龙去脉，并且说出了自己的歉意，希望能得到她的谅解。

那天，他一直等到天黑才小心翼翼地来到老太太家，把信

投到她家门口的信箱里。他的灵魂感到一种赎罪后的解脱，重新觉得自己能够正视老太太的眼睛了。

林杰觉得自己能够重新正视老太太的眼睛，灵魂感到赎罪后的解脱，是因为他对自己的行为负起了应该承担的责任。自己的行为自己负责，100 分孩子从小就应养成这种负责意识，明确自己的责任。

专家建议

孩子长大成人的过程，是孩子逐渐社会化的过程，自己行为自己负责，是做人与成才的基础。任何聪明才智，只有建立在负责的基础上，才可能发出耀眼的火花。只有负责任的人，才会做到言必行，行必果，才能受到他人的尊重和信赖。

(1) 100 分父母放手让孩子去做事，并且让孩子去承担自己行为所造成的后果，这样孩子才会不断改正自己的缺点和不足。如果不负行为责任，那干好干坏对孩子已无所谓了。对孩子的过错行为，给予必要的惩罚是对的，但要注意惩罚对事不对人，也不等同于棍棒教育。

(2) 自己行为自己负责是真诚为人的表现。100 分孩子在行事之前一定要明确可能造成的后果，对于自己行事的后果，要主动承担自己的分内责任，坦然接受，虚心改正。在这一过程中，过度自责是于事无补的，只有主动承担责任，才能避免重新犯错的可能，在不断改正过程中，就会逐渐完善和充实，离成才也就不远了。

4. 自己事情自己做

一棵小树，如果始终处在大树的荫庇之下，那它永远长不大。同理，一个孩子，如果事事都不尝试去自己动手，那么他也永远难以长大。真正疼爱孩子的父母应关注的是孩子将来是否能自己应付外面世界的一切变化。想使孩子成功地步入外面的世界，父母必须放手让孩子去独立做自己的事，自己的事自己决定。

美美今年10岁，认识的人都说她是个乖孩子，因为她很听话，从不跟妈妈吵闹。由于性格内向，她朋友不多，平时大部分时间她都呆在家里，偶尔也到邻居家去。但只要是出门，妈妈都会让她穿上整洁漂亮的衣服，通常都是白色的，因为那是妈妈喜欢的颜色。在与小朋友玩的时候，美美很注意自己的衣服。在邻居家玩，阿姨让她坐，她总是说："我不坐，妈妈说了，衣服不能弄皱。"玩的时候，她总是小心翼翼，比如玩捉迷藏时，她总是最先被捉住，因为她根本就没藏。小朋友提醒她，她说："妈妈叫我别把衣服弄脏。"有一位小朋友生病住院了，几位小朋友约她一起去医院看看，美美说："你们去吧，妈妈让我玩一会儿后就回家做作业。"

她整天妈妈长妈妈短，无事不提妈妈。小朋友嫌她麻烦，都不喜欢跟她一起玩，还嘲笑地问她到底是妈妈玩还是她玩。但嘲笑起不了作用，美美的"妈妈病"已成为习惯，"妈妈"已成了她的口头禅，她什么事都得请示妈妈，没妈妈许可，她什么事都不敢做。

美美的这种情况是妈妈造成的，妈妈在不知不觉中形成了强制作用，孩子能够独立完成的事也不让孩子去做，孩子也没有自由发展的空间，处处受到束缚。所以父母要放手让孩子养成独立自主的习惯。

父母要多给孩子独立自主的机会，不要处处以帮助的形式来干涉孩子，以保护的形式来约束孩子，让孩子独立地完成自己应该做的事，自己决定自己的事怎么做。

罗斯福是美国历史上惟一连任四届的总统，他不仅治国有方，而且很会教子，他的四个儿子都在“二战”中建立了不朽的功勋，之后跻身于美国政坛。

在教育孩子上，罗斯福非常注重培养他们的独立思想，当“二战”战火日盛，愈加激烈时，二儿子埃利奥特请教父亲自己该何去何从。

罗斯福说：“我不会告诉你该怎么做，你的事是你自己的事，我从不干涉。你应该清楚我是一个怎样的父亲。”

不久，二儿子便放弃了自己的公司，走进了美国陆军部的大门，在四兄弟中带头参了军，走向了“二战”的战场。

另外，罗斯福还竭力反对孩子们过分地依赖父母，过类似于寄生虫式的生活。他让孩子们凭自己的能力去开辟事业，赚自己该赚的那份钱。

一次，20岁的大儿子詹姆斯独自去欧洲旅行。临归前看到一匹好马，便用手中的余款买下了，然后发电报给父亲，让他汇旅费来。

父亲打了个电话：“你和你的马游泳回来吧！”碰了个钉子，詹姆斯不得不卖掉马，买了船票回家。

更让世人为之钦佩的是罗斯福身为总统，却从不庇护孩子，从不让孩子享有特权。他的子女就像普通的孩子一样，想得到什么必须靠自己去争取。在父亲的教导下，孩子们不得不凡事都靠自己，慢慢地养成了独立的习惯。

罗斯福无疑是一位成功的父亲，他的这种教子方法是值得每一位父母学习和借鉴的。100分父母明白：无论代替孩子干什么事情，出什么主意，都只能代替一时，不可能代替一世。教育孩子独立自主，自己的事情自己拿主意，自己动手去做，父母不妨放开紧抓孩子的手，这恰恰是对孩子最深沉的爱。

人生都需要自己去开创，未来终究要靠自己把握。独立地为人与处事，是每个人都愿意达到的理想境界，成长中的孩子更盼着自己早一天独立行事。

下午一节手工课，40分钟时间里，每个同学都要交上自己的作品。这可把露露急坏了，以前老师总是让同学们第二天才交作业的，今天怎么要求现场完成呢？做什么呢？纸飞机，不会；小灯笼，也不会；小船，还是不行。以前的手工作业总是爸爸帮忙做好的。时间一分一分地过去，只剩下半节课了。周围的同学都做得像模像样了，她呢，连做什么都不知道，急得出了一身汗。

“露露，怎么啦？不舒服吗？”老师过来问道。

“没，没……”露露惊慌地答道。

“那你为什么还不动手呢？再过20分钟就要交了。你以前交上来的作品都很成功哦！”

“我，我——不知道做什么好。”露露的声音低得只有自己才听到。

“什么，大声点，老师听不见你说什么。”

“老师，我不知道做什么好。”这次声音很大，同学们都抬眼望她，她极不好意思，脸一下子红到了脖颈，真恨不得找个地洞钻进去。

“没关系，老师和你一起造只船吧。来，也许还来得及。”

但是，露露笨手笨脚，加上心里发慌，以前老师教的东西她根本就没亲自实践过，都忘得差不多了。老师对她的手艺诧异极了，一直以来，都认为她是个能干的小姑娘，看样子是误会了。没办法，只好对露露说：“露露乖，别急！你的作业可以带回去做，明天再交，但一定要自己做。”

回到家，露露十分懊恼，吃晚饭都闷闷不乐，爸妈问她怎么了，她又不说。晚饭后，她拿出造了一半的小船，在那里认认真真地琢磨开了。这时，爸爸走了过来，又想要帮她做，但露露不允。她认识到如果自己只是一味依赖爸爸，她的手工课永远也不会及格。于是她边琢磨，边动手，不清楚的地方就问爸爸，终于把小船做成了。

第二天，露露愉快地把这只船交给老师。老师一看，这船的制作手艺虽比以前露露交的那些手工作品要差得多，但老师还是夸奖了她：“做得真好！这是你所有作品中最漂亮的一件！”露露笑了，虽然有些羞愧，但笑得很甜。

露露再不尝试自己动手，以后还可能会再出“洋相”。好在露露认识到这点，所以虽做了只不算漂亮的小船，但老师还是夸奖了她，她自己也能“笑得很甜”，是因为这是自己的劳动成果。可见，自己的事情自己做，能增强孩子的自立自理自主能力，孩子也能从中体会到快乐。所以，孩子应该注意日常小事要积极动手去做，自己的事情自己拿主意，想办法，自己动手去解决。

专家建议

著名教育家陈鹤琴说："凡是儿童自己能做的，应该让他自己去做；凡是儿童自己能够想的，应该让他自己想。"孩子的事情应征求孩子的意见，该让孩子自己去做，这有利于培养其自主、自理和自立能力。

（1）100分父母能放开手，不会为孩子包办一切。在家庭生活中，让孩子做些力所能及的家务是有益的；孩子的作业让孩子独立地完成，关系到孩子的事情应让孩子自己做决定。家长在孩子的活动中只是起一定的指导作用，给孩子自主的机会，以培养孩子的独立自主性格。

（2）100分孩子能主动去尝试做些力所能及的事情，特别是关系到自己的一些大事，比如是否参加兴趣班，上哪所学校等最好要自己拿定主意。要从日常小事做起，培养自己的独立自主性格。

5. 用热情赢得合作

美国哈佛大学和耶鲁大学的心理学家经过多年的研究发现，孩子成才的基础是智商，而至关重要的却是情商。与他人的交往和合作是情商的重要组成部分，也是个人生存必备

的技能和素质。在现代社会，一个成功的人往往是善于处理人际关系的人。性格上热情大方是赢得朋友、赢得合作的一个重要前提。

在人与人的交往中，有热情才会主动，才会真诚地对别人感兴趣；大方才会包容，才会以广阔的胸襟接纳他人，才会给予对方诚挚的关怀。热情大方的人，在交往中能把别人和自己都放在适当的位置，这样他人才乐意与其合作。孩子在自己狭小的世界里，也在不断地与他人进行着交往，在交往中不断地充实和完善自我。然而在交往中，难免会出现磕磕绊绊，合作可能会遭遇危机，所以只有相互尊重、相互理解、相互宽容，才能使合作持续下去。热情大方的孩子总能站在主动的位置，以真诚来接纳和包容对方，从而赢得合作，收获友谊与快乐，在交往与合作中，发现自己的缺陷，及时弥补自己的不足。

孩子的性格往往会受到环境条件的影响。在和谐欢乐的家庭环境中成长起来的孩子，大多是热情而又大方的。所以，作为父母，首先要注意营造良好的家庭环境，让孩子在开心快乐的气氛熏陶下，养成热情大方的性格。每个家庭条件各不相同，但无论条件怎样，都要注意时刻让快乐成为家庭的主旋律。作为父母，要稳定夫妻双方关系，这是家庭稳定的基础。不把烦恼摆在脸上，以乐观的心态对待一切问题。在家庭中，不妨多讲讲开心愉快的事情。父母的性格也能影响孩子的性格。

其次，父母要注意教育方法。培养孩子不能走极端，既不能溺爱孩子，一切以孩子为中心；也不能强迫孩子，让孩子失去自我。父母与孩子之间也需要进行良好的合作，父母的合作方式会无形中成为孩子的学习榜样。

最后，父母要尽可能多带孩子接触广阔的世界，不将孩子局限在狭小的范围内，让孩子多了解外面的人和事，开阔孩子的视野，增长孩子的见识。一方面能让孩子拥有包容之心，另一方面孩子见识的增长会博得他人的信任，孩子通过合作增加信心，也就会乐于与人合作和交往。

茜茜放学回家后跟妈妈抱怨："大家都不喜欢我，连最好的朋友婧婧也不找我玩，我一个朋友都没了。"她边哭边说。

妈妈听了也不禁有些难过，为孩子心疼不已。她问自己，为什么茜茜总是无法交到朋友或留住朋友？她 8 岁的女儿究竟怎么了？

晚上，妈妈打了个电话到老师家，和老师谈起茜茜交朋友的困惑。老师说，茜茜一不主动，老是要别的小朋友去找她玩，她不找别人；二是要求太多，而且总是要求别人要照她的话做。打完电话，妈妈又耐心询问茜茜为什么没小朋友跟她玩。

"妈，婧婧老是不理我，我再也不跟她一起玩了。"茜茜向妈妈抱怨起来。

"嗯，听起来你很有理。婧婧真的不理你吗?"

"是的，下课后，她与别人一起玩，也不喊我一声。"

"她从来不喊你吗?"

"她也喊过我几次，可我当时不想去。但她今天真的没喊我。"

妈妈心里有数，肯定是茜茜不够主动。于是，妈妈问茜茜："那你再想想，有没有更好的办法处理今天这件事呢?"

"嗯……"茜茜想了一下，"我想，也许我也可以和婧婧一起去和别人玩。"

“如果你当时那么做，你想你现在的感受会怎样？”妈妈继续引导。

“也许我就不会生气，而且还会玩得很快活吧。”茜茜说。

“那你为什么不那么做呢？记住，老是等着别人来喊你，别人最后也会厌烦你。你应该主动和同学一起玩，这样才能交到更多的朋友。”

几天后，茜茜兴高采烈地告诉妈妈：“妈，你猜发生了什么事？今天下课后，婧婧虽然没喊我一起去玩，但我让她等我一会儿，婧婧、兰兰、雯雯都等我了。然后我们四个人一起玩游戏，可开心啦！我还约她们周末一起来咱家玩呢！”

妈妈又引导她，朋友是相互的，因而想要与人交朋友，有时需要热情一些。

又过了一段时间，茜茜告诉妈妈，周末有几个朋友要上她家来玩。妈妈很高兴，因为她看到茜茜整天哼着歌儿的样子，心里很舒服。

茜茜从没有朋友到拥有很多朋友，是热情大方的性格在其中起到了重要作用。在孩子没有朋友时，妈妈并没有责怨和批评，而是引导和教育孩子，使她明白了交往中要主动，要包容他人。

热情大方性格的养成与指导和控制孩子的行为有着密切的联系。100 分父母要为孩子营造爱的和谐世界，让孩子的美好天性得以发展，让孩子用美好的心态去面对生活；还要引导孩子多交友，多接触外面的世界，教孩子用广阔的胸襟接纳他人，接纳世界。

要养成热情大方的性格，孩子自己要注意随时控制好自己

的情绪。高兴时，乐于与他人分享；失意时，他人也愿与自己共担。当他人的某些行为令自己生气时，不妨站在他人的位置想想。与人合作，最重要的是要尊重他人，摆正自己与他人的位置。

专家建议

热情大方有助于赢得合作，养成热情大方性格对孩子成长具有重要意义。

（1）父母要为孩子营造欢乐愉快的家庭环境。

（2）父母教育孩子时要注意引导，不要溺爱和强迫孩子。

（3）父母要引导孩子广交朋友，多接触外面世界。

（4）孩子在与他人交往时要注意控制自己的情绪。

（5）孩子必须真诚待人，尊重他人，关心他人。

开掘人生的“金矿”

——注重能力培养

人本主义心理学的代表人物马斯洛认为，人身上潜藏着人性的优点，就看如何加以引导，使其潜力充分展现。的确，孩子的能力是一座潜在的“金矿”，只要科学开掘，就能在孩子成长的路上，释放无穷的能量。

童言无忌

“却”和“但是”

语文课上，老师在黑板上工工整整地写上“却”和“但是”这两个词，要求学生造句，并打比方解释道：

“这两个词都是转折连词，‘却’是小转，像转一个小弯；‘但是’是大转，像转一个大弯。”

赵冬“刷刷刷”地造了一个句子：“从我家到学校只转几个‘却’，而从我家到外婆家要转几个‘但是’。”

奇异的联想

地理老师问：“地图上看意大利，它像什么？”

学生答：“像一只胶皮靴。”

“为什么是胶的？”老师又问。

“如果周围都是水，那该是什么东西呢？”

1. 自主能力：将命运握在自己手里

一个人从平凡走向成功的关键在于超强的能力和完善的人格。就人的能力而论，自主可以最大限度地发挥自己的潜能，使人理智地决定自己的行动，最终成为一个有主见、可以自我调节、独立的人。自主能力很强的人，能够正确选择适合自己发展的道路，能够主动去克服前进路上的一切困难。

在我国的大多数家庭里，父母对孩子的爱和呵护可谓无微不至。孩子玩时，父母常常死盯在孩子后面，时时关注地喊："别跑！当心摔着！""别走远了，危险！"等等；当孩子不小心被绊倒时，赶忙前去扶起，又摸又哄，深怕乖乖宝宝摔疼了；当孩子上学时，父母硬是把头挤尖了也得让子女上父母认为最好的学校；孩子交朋友了，父母也爱说长道短；孩子升学了、有爱好了等都得经过父母的安排……父母办子女的事比办自己的事还要认真、负责，而孩子却没什么事做，使孩子丧失了自主的能力。这不能不引起人们的警惕。

蔡志忠是名播世界的台湾漫画家，他的父亲是一位民间书法家，其书法在当地赫赫有名。按一般人的观念，父亲能写一手好字，子女不跟着学点实在可惜，但蔡志忠似乎对书法一点兴趣也没有，父亲也从不逼他学书法。父亲甚至还常对蔡志忠谈起能写一手好字并不能证明自己就了不起。

蔡志忠从小就喜欢看漫画书，总是想方设法地攒钱买漫画。那时候，他常小声对父亲说："阿爸，给一毛零花钱吧！"但父

亲一般会给他两毛钱。

在父亲看来，孩子应该有点钱买自己喜欢的东西，只要不乱花就行。在蔡志忠的成长过程中，父亲总是把主动权给孩子，父亲相信孩子的选择是对的，鼓励他走自己的路。

小学毕业后，蔡志忠是全校惟一考上第一志愿——彰化中学的学生。父亲乐坏了，特地给他买了一个大书包，在上面用毛笔欣然写下“彰化中学”四个字。

刚上彰化中学时，正赶上学校改建，每天只上半天课。蔡志忠便如脱缰的野马，在漫画世界里自由自在地奔跑。一有空就躲在漫画书店，一看就是大半天。回到家，不是看漫画，就是画漫画，甚至在学校上课也画漫画。由于精力没用在学习上，学习成绩急剧下降，遭到了留级的惩罚。父亲虽然失望，也免不了责骂几句，但他并没有终日紧盯着儿子，逼迫儿子必须专心读书，更没有强制没收漫画书，禁止画漫画，而是在生气之余采用了静观的态度。

中学时，蔡志忠在大量阅读的基础上尝试自编脚本，画成作品，投到台北出版社，采用的概率竟然很高。留级的那年暑假，台北一家漫画出版社写信给他，邀请蔡志忠去给他们画漫画。当时对蔡志忠而言，在漫画与学业间抉择并不痛苦，漫画简直就是他的生命。但是父亲到底会怎么看待呢?

那晚，蔡志忠忐忑不安地走到父亲身后，轻声说：“我明天要到台北去画漫画。”父亲像往常一样，仍坐在藤椅上，边看报纸边问：“有工作了吗?”“有了。”“那就去吧!”父亲说完，继续看他的报纸。这短短的十来秒对话，决定了蔡志忠一生的漫画之路。

蔡志忠成名后，《时代周刊》记者问80高龄的蔡父：“24

年前，你怎么放心儿子弃学离家到台北画画呢?”他回答：“对儿子的行为其实我一直都很注意，知道他的兴趣和天分。所以，我给他自由。”

在父亲这种教育方式的影响下，蔡志忠对女儿也是这样。女儿从小就非常有主见，凡事不依赖父母。15岁那年，竟独自一人环游欧、亚、美十多个国家和地区。

有人问蔡志忠怎么这样放心让孩子去那么远，他淡淡地说：“我也是15岁时，父亲就放我到台北工作的。”

“让孩子自由。”这是其父的“家教之道”，他一生得益于此，所以，对女儿也一样。

正是父亲给了蔡志忠选择的自主，他的漫画才能才得以充分发挥。上学或画漫画都是孩子的事，大人应该根据孩子的天分和兴趣帮孩子进行选择，这样才不至于局限孩子的自由发展。另外，要放手让孩子独立做事，在长期锻炼中，增强孩子的自主能力。蔡志忠放手让15岁的女儿环游世界，父亲放手让蔡志忠去台北画漫画，无疑都是让孩子进行独立做事的锻炼。

父母让孩子自主选择、自主做事，体现了父母对孩子能力的信任，有利于保护孩子的求知欲。但是值得注意的是，给孩子自主的权利，不是放任孩子，而是父母在了解孩子实际情况基础上给孩子自由发展的空间。所以，父母要对孩子有正确的认识，了解孩子的能力，给予孩子必要的指导，根据孩子的兴趣特点，引导孩子走上正确的发展道路。

增强自主能力，才能使孩子的兴趣和特长得以充分发挥，才会有创新和发展。因而孩子要注意通过日常生活的锻炼来增强自己的自主能力，比如收拾自己房间，安排自己的学习计划等等，从小事做起，逐渐摆脱对父母的过分依赖。但这并不是一味排斥父母的意见，在认真听了父母的分析后，对父母的正确意见是应该听取的。

总之，100分父母会从孩子的实际情况出发，给予孩子自由发展的空间，不断增强孩子的自主能力；100分孩子会将自己的志趣与父母的建议相结合，进行正确选择，独立行事，不断增强自主自立能力。

专家建议

有自主能力的孩子，才会有更广阔的发展空间，才会不断创新，做出业绩。

(1) 父母要给予孩子独立做事的自由。

(2) 父母要给孩子有自主选择的自由，特别是涉及孩子未来发展的道路时，要让孩子从自己的实际情况出发做出正确的选择。

(3) 让孩子自主，就不能包办代替，也不是放任自流，父母要给孩子方向和方法上的指导。

(4) 孩子要独立地从日常小事做起，比如自己房间自己布置，学习计划自己安排等等，不断增强自主能力。

(5) 孩子要自主，就必须摆脱对父母的过分依赖，但不是排斥父母，父母的正确建议是应该听取的。

(6) 孩子在选择发展道路时，要注意从自己的实际情况出发。

2. 社交能力：顺利步入社会的通行证

正如一滴水离不开大海一样，任何人都不能离开社会而独立存在。人在社会上生存、发展，免不了彼此之间会发生这样或那样的关系。人与人之间的交往关系是受人的社交能力制约的。在现代社会，社交能力对事业成功起到了越来越重要的作用。卡耐基曾说，一个成功者，专业知识所起的作用是15%，85%要归于人际关系和处世技巧。孟子也曾说，天时不如地利，地利不如人和。今天的孩子就是明天的大人，提高孩子的社交能力，一方面可以让孩子获得友谊，增长见识；另一方面，则是为孩子将来立足社会打下基础。

菲律宾大学临床儿童心理学家马·劳迪斯·卡兰丹指出：一个社交能力低下的大学生比没进过大学但社交能力强的孩子具有更大的缺陷。可见，提高孩子的社交能力是很有必要的。为提高孩子的社交能力，必须教孩子掌握一些社交方法与技巧。

首先，要注意以自身良好形象吸引对方。

好形象会使人处处受欢迎。良好的形象首先源于人的外表，比如个人的着装要整洁、得体，要注意卫生。另外更要注意内在性格。一般来说，热情大方、性格爽朗、待人诚恳和蔼的孩子，与同学、老师和其他人的关系比较融洽，人缘较好。因此父母在教育孩子时，一方面要孩子注重仪表，另一方面要注意塑造孩子的良好个性。

其次，要注意社交礼仪。

无论熟悉或陌生，进行交往时，都免不了要客套寒暄。此时，应注意语言得体、动作自然，同时要注意到与对方保持适当的距离。这些是良好社交效果的开始。

最后，交往过程中要善解人意，善于倾听和说话。

在交往时，要及时观察他人情绪与情感的变化，体察别人的内心体验，这样才能赢得主动。比如，对方眼神游移不定，说明注意力未集中在交谈内容上，可能另有心事，谈话应尽早结束；交谈时对方撇嘴、皱眉，有不同见解，应考虑自己的话是否得当，必要时可以征求对方的意见；如果对方眼皮下垂、目光旁移，或听了自己的话后面红耳赤，说明应尽快转移话题。

在与人交往时，还要善于倾听和说话。倾听是对他人的尊重。倾听时要专心，不要东张西望、心不在焉；还有，不能随意打断对方说话；同时还要用心、虚心，不要过于显示自己，与对方有不同意见，不要立即反驳，可以在对方讲完以后比较委婉地谈出自己的看法。

父母在教育孩子时，要让孩子懂得尊重人、关心人、理解人，要摆脱以自我为中心。

毛毛聪明伶俐，小学低年级时成绩在班上一直名列前茅。可她就是不合群，班上的同学谁都不乐意同她玩，课间休息时她常常一个人观察天空。妈妈听说后，便安慰女儿：“毛毛，你好好学习，成绩好，老师喜欢，爸妈喜爱，同学们也会乐意与你玩。”毛毛很听话，学习也很努力，期末考试考了个全年级第一，语文、数学都是全校单科第一。可是上学时，妈妈发现，毛毛还是不能与同学们玩到一块去。毛毛伤心，妈妈也很难过。看着女儿眼含泪水，渴望与孩子们一起做游戏、玩耍的样子，妈妈十分焦急。于是妈妈开始有意识地请小朋友到家里做客，提供玩具和零食，想让女儿与小朋友一起开心玩耍。可

是又出现了另一番情景：每当玩具玩厌了，零食吃够了，孩子们一哄而走，此时毛毛就会紧把着门，哭着说："你们吃了我的东西，不准走，要跟我一起玩。"这样一来，玩具与零食也很难吸引那些小朋友了。

妈妈终于醒悟，是女儿强烈的自我意识导致了女儿没有朋友。于是，妈妈常常带毛毛去找人玩，并教她要礼貌待人，让毛毛与小朋友玩喜爱的游戏，了解游戏规则。并告诫毛毛一定要学会听取小朋友意见，分清是非。与伙伴们发生纠纷时，妈妈往往借故走开，让女儿自己去调解伙伴间的纠纷。回家时，妈妈再询问女儿是否玩得开心，了解游戏情况，肯定其正确的做法，指出她的不当行为，鼓励她下次再玩。妈妈还告诉毛毛，小伙伴如果做错了什么，要谅解；同学有困难，要乐于帮助。渐渐地，毛毛学会了与同龄伙伴交往，学会了在交往过程中调节自己的情绪。放学后，她总是在同学那里做完作业，再玩一会儿才回家。过生日时，还约了很多同学到家里。看到孩子们高兴的样子，妈妈也乐了。

但妈妈并没有让毛毛只停留在孩子世界里，她时常把孩子带到大人的世界里。起初，毛毛有些胆怯，不敢与人打招呼、说话。但经历多了，妈妈又不断鼓励，毛毛渐渐地学会了主动与人打招呼，礼貌而又大方，大人们都很喜欢她。

毛毛的社交能力是妈妈不断教育而提高的。有较强社交能力的孩子，处处受人欢迎，这样也能促进孩子的身心发育，将来走上社会，也容易取得事业的成功。

孩子毕竟社会阅历有限，100 分父母除教会孩子社交方法外，还要为孩子社交提供必要的帮助。一方面，指导孩子广交

益友，勿交损友。“近朱者赤，近墨者黑”，孩子的朋友不仅要志趣相投，更重要的是德行端正。另一方面，要为孩子交友提供条件和机会。要积极鼓励孩子去参加集体活动，同时不能过分苛求孩子的朋友，要让孩子有一定的交往自由。

作为100分孩子，在与人交往时，要注意热情大方、乐观豁达，要尊重人、理解人，主动关心他人，礼貌待人，诚实守信，体态自然。

专家建议

社交能力是人生存和发展的基本能力，社交能力应从孩子小时就注重培养。

（1）父母要教给孩子必要的社交技能，比如与人交往时的礼仪，交往时的语言表达、表情等等，要尊重对方。

（2）父母要教育孩子在与人交往过程中，不以自己为中心，要理解他人。即使对方有错误，也要以委婉的方式指出，不能因此而鄙视对方。

（3）父母要给孩子提供一些必要的帮助，比如要善待孩子的朋友，鼓励孩子积极与人交往。

（4）孩子要积极与人交往，在交往中要站在对方的位置，经常替对方着想。

3. 领导能力：当好小伙伴的“头”

每个人都希望引起他人注意，孩子也不例外。在这一欲望支配下，每个孩子都渴望能成为领导人才。但并不是任何孩子最终都能成为领导，有的孩子长大后即使担任了领导要职却也无法驾驭好自己的集体，这主要是缺乏领导能力。

领导能力包括多方面的内容：

第一，当机立断地做出选择。一个领导者，在关键时刻，要能从全局出发，而并非只考虑自己眼前的事情，从多个方面进行分析、判断，选择出最佳方案，当机立断拍板拿定主意。决策不是随随便便的，因此要让孩子不断积累，千万不能盲目无知。同时，在时机上，切忌婆婆妈妈、拖拖拉拉和优柔寡断，否则，时机稍纵即逝，“当断不断，反受其乱”。

第二，精密细致的组织策划能力。要让孩子明白策划就是为人的行为提供明确的方向，“凡事预则立，不预则废”，组织策划是解决问题的方法，能够应付各种突发事件，从而从容面对挑战，渡过难关。要进行精密细致的策划，首先要广泛收集信息，对现状进行独立的思考。其次，要确立明确的目标，即策划要达到的效果。再次，产生策划创意和拟定行动方案。孩子每进行一项活动，都要让他进行精密细致的策划。策划要在仔细分析已知信息的基础上出奇制胜，创新求高。行动方案要尽量地细致具体，要具有可操作性，同时要有一定弹性，遭遇突发事件要有第二预案。最后，对策划要多征询其他人，尤其是父母的意见。策划出台不应马上付诸实施，要经过周密的检查与总结，让方案更加完善。

第三，领导能力还包括知人善任的能力。无论领导的年龄多小，一个集体的领导者，或多或少都会有部下，当要完成某件事时，也要让孩子必须做到知人善用、发挥众人所长，这样才能达到最佳效果。所以，要让孩子善于发现他人的长处，正确认识某人适合某方面的工作。用人不疑，疑人不用，要信任

所用之人；“人非圣贤，孰能无过?”要让孩子能宽容他人的过错，要正确指出其缺点和错误，促其改正。

第四，要能让集体有凝聚力和向心力。这是在知人善任的基础上，依赖个人的威信，让大家明确集体的共同目标。要让孩子明白的是领导威信不是随意发号施令、滥用职权，领导者待人应温和，应能与他人团结协作。

领导能力不是天生的，是经过后天培养而获得的。培养孩子的领导能力，首先要给孩子机会，要让孩子在其感兴趣的领域里锻炼领导能力。孩子当选为班干部，不能认为这影响学习，应该看到，这是锻炼孩子领导能力的好机会，要鼓励孩子在搞好学习的同时，组织好班集体的相关工作。孩子没能当班干部，还应积极鼓励孩子自信地参加班干部竞选。在其他各种集体活动中，积极支持孩子做“头”，让孩子有充分的锻炼机会。其次，让孩子成为一个热情的人，有乐观向上的精神，要能积极发言，表达自己的思想。比如遇到熟人时，要教导孩子热情地打招呼；集体遇到难题，要积极表明自己观点，找出最佳解决方案。这样的孩子才受集体欢迎，才能在集体中成为令人瞩目的中心人物。最后，父母要正确教导孩子，不能一味地为孩子拍手叫好，孩子有过错时，应给予适当批评，耐心指出孩子错在何处，引导孩子主动改正。还要教育孩子尊重他人，摆脱自我为中心、自以为是的意识。

在一次野外聚餐中，傍晚时分，孩子们才发现迷了路。在潮湿与饥饿中度过了恐怖的一夜之后，孩子们开始无望地失声痛哭：“我们找不到回家的路了。”一个孩子绝望地说道：“也许我们要死在这山林之中。”然而，一个 11 岁的女孩却说：

“大家别哭！我们不能等死！”孩子们都向她投来热切的期望眼神。“我听我爸说过，只要沿小溪走，前面会有一条小河，再往前一点是一个小镇。咱们沿着小溪走，一定不会死的！”最后，在这个女孩的带领下，胜利地走出了山林，安全地回到了家里。

在这次活动中，这个女孩出色的领导能力救回了小伙伴们的命。她的这种领导能力也不是天造地设的，而是后天培养和锻炼出来的。这个女孩从读二年级开始，就成了班主任的好帮手，担任班长，班集体的许多活动都是她在老师指导下，成功策划完成的。

可见，孩子在同伴中处于领导地位，有利于发挥孩子的领导能力，能帮助孩子在将来激烈的社会竞争中练成过硬的本领，也有利于发挥孩子的其他能力，从而让孩子在未来实现自我价值和社会价值。

100分父母，应该给予孩子锻炼领导能力的机会，不要只顾着让孩子搞好学习，要让孩子从积极担当某个集体活动的“领导”开始，积极发现和培养孩子的领导能力。

100分孩子，应注意“领导”不能随意发号施令，要尊重自己的“下属”，要以身作则，时刻想着团体的利益。这样自己领导下的团体，才会有凝聚力和向心力，才会有积极向上的精神风貌。

专家建议

担任领导角色能促进个人发展，增强自尊和自信，有助于

实现个人价值和社会价值。

(1) 父母应鼓励孩子积极参加集体活动，积极竞选担当集体的“头”，给孩子锻炼领导能力的机会。

(2) 孩子要走出“领导就是随意发号施令”的误区，在集体活动中要以身作则，成为大家都敬仰的领导者。

4. 创新能力：让孩子总是走在最前面

21世纪的今天，机遇与挑战并存。国家要振兴，民族要富强，需要大批具有创新能力的人才。作为新世纪的主人，孩子仅仅有知识是远远不够的，要想抓住机遇，迎接挑战，还必须具有创新能力，想他人所未想，做他人所未做，这样才能积聚足够的实力，在激烈的竞争中立于不败之地。

创新并不神秘，也并不是极少数人才能办到的。创新有大有小，内容和形式可以是各式各样的，生活、工作的各个方面都可以迸发出创新的火花。在现实生活中，由于善于观察和思考，涌现出不少“小小发明家”，他们的成果虽没有牛顿从苹果落地发现万有引力定律那么伟大，但都是来源于对生活的深邃思索，对平凡的智慧创造。

一个小女孩看到爸爸因丢失一份重要文件而懊恼不已时，便潜心思索，爸爸的文件都放在他的抽屉里，丢失的原因是抽屉里的东西太杂太乱，书、文件、稿纸等等把抽屉挤得满满的，拿东西时容易带走其他东西。她没有像爸爸那样无奈，也没有像妈妈那样责怨，经过一番仔细思考，她将爸爸的抽屉做成了几个小格，再让爸爸把东西分类放入。这以后，爸爸从没为丢失东西而烦恼。

小女孩这一小小的创意解决了生活中的大问题。有这种创意主要是具备创造性思维，有敏锐的观察力和丰富的想象力。创造性思维就是要敢于打破常规，敢于向权威挑战。

一次，年轻的华罗庚从杂志上看到一篇论文，讲的是五次方程的解法，觉得有些问题，于是他进行了精确的推理和运算，结果得出了与此文相反的结论。经过反复验算，他认定自己的结论是正确的。于是他写了一篇论文，寄给了《科学》杂志。他的论文发表后，即在数学界引起了强烈的反响。要知道，当时的华罗庚是没上过大学的毛头小子，而那篇文章的作者则是一位著名数学家。华罗庚就是凭着一股对科学的执著追求，不拘泥于现成理论，敢于向权威挑战，从而奠定了他在数学领域的地位。

要使孩子具备创新能力，必须让孩子具备创造性思维，敢于打破常规，进行逆向思维，打破思维定势。

一次进行智力游戏时，一个老师问他的学生：“你们能用一支白色粉笔写出红字吗?”

学生们有的冥思苦想，抓耳挠腮，有的东张西望，左顾右盼，百思不得其解，白色粉笔怎能写出红字来呢?

这时一个小男孩站起来道：“老师，我能到黑板上写吗?”

得到老师许可后，男孩子在黑板上端端正正地写下了一个“红”字，这时，孩子们才知道原来这么简单。

这个男孩就是打破了思维定势，解决了这一问题。在科学的探索道路上，有时是需要进行逆向思维的。

圆珠笔发明出来后，人们又面临了一个难题：怎样解决圆珠笔的漏油问题。有人曾用宝石作笔珠，笔珠的耐磨性虽提高了，但笔尖不够耐磨，仍然不能解决漏油的问题。

后来日本发明家田藤三郎想到，可以用减少笔油的办法来解决这一问题，即圆珠笔能写 2 万字开始漏油，那么就只灌注能写 1.5 万字左右的油。这样进行逆向思维，终于解决了许多人难以解决的难题。

创造性思维往往会与合理性想象联系在一起。所以父母要注意保护和发展孩子的想象力，即使父母认为孩子的想象不切实际，也不能加以讽刺，要注意引导孩子让自己的想象更科学，更合理，源于现实而又高于现实。众所周知，莱特兄弟发明飞机的冲动是源于想做一个能飞上天空摘星星的大鸟，这一合理想象最终实现了人类翱翔太空的梦想。孩子时期想象力非常丰富，父母要注意保护孩子的想象力。孩子的想象往往是创新的前奏。

培养孩子的创新能力要注意鼓励孩子有多方面的业余爱好，培养孩子敏锐的洞察力，善于发现问题、思考问题。鼓励孩子有多方面的业余爱好，能够丰富孩子的想象力、思维能力，才能使孩子进行细致的观察，通过观察才会发现问题。在对问题进行思考想办法解决的过程中，孩子的创新能力便自然提高了。

创新常常会遭遇失败，所以更需要培养孩子具备百折

不挠的勇气。在创新遭遇失败时，孩子最容易放弃。在鼓励孩子创新时，要让孩子知道，每一次失败都是创新的起点。历史上每一次科技进步，无不是在失败的基础上再站起来的。富尔顿制造蒸汽轮船，爱迪生发明电灯泡……失败并不可怕，可怕的是失败后一蹶不振，丧失了战胜失败的勇气。

对孩子的“破坏”行为要有正确认识。由于孩子的好奇心理，往往会破坏新买的玩具、家里的一些物品等。如果孩子是为了探究问题而进行的“破坏”活动，父母要鼓励，要引导，这些“破坏”活动往往会闪现创新的火花。

对于孩子来说，要培养创新能力，最重要的是要多观察，多思考，多动手，不从众，不迷信权威，不怕失败。日常生活中，时时、事事、处处都有创新的可能，勇于创新、善于创新是青年一代的高贵品质。不断提高自己的创新能力，才能担当起新世纪主人的重任。

专家建议

创新能力决定了一个人最终能否实现个人价值和社会价值，卓越的人是不屑沿着别人的路一直走下去的。孩子具有创新能力，才能获得长久的进步，才能在竞争中成为强者。

(1) 父母在培养孩子创新能力时，对孩子的想象要赞赏、鼓励，同时要加以引导。

(2) 父母要正视孩子的“破坏”行为，激励孩子在“破坏”中创新。

(3) 在孩子遭遇失败时，要鼓励孩子从失败中走出来，以

积极心态面对失败。

(4) 孩子要相信创新随时都有可能，关键是要有敏锐的观察力、丰富的想象力和较强的动手操作能力，因此，在日常生活中，要注意养成勤观察、勤思考、勤动手的习惯。

(5) 孩子在创新道路上，不能从众，不能迷信权威。

5. 抗挫能力：哪里跌倒哪里站起来

在生活道路上，任何人都不可能一辈子一帆风顺，任何人都会遭遇失败和挫折。一个人的成功，主要是因为他失败时没有灰心丧气，跌倒了不忘记重新站起来，以更大的信心和勇气去征服困难。萧伯纳说："成功是经过许多次大错后才得到的。"失败是成功之母，失败和挫折并不可怕，可怕的是没有承受挫折的能力。一个具有较强承受挫折能力的人，会把挫折当作是通往成功的基石，因而最终的成功是必然的。庄纳思·思克发现小儿麻痹症的疫苗是通过二百次的试验才得到了结果，爱迪生发明电灯泡经历了上千次的失败。之所以有伟大的成功，关键就是他们承受挫折的能力很强，这种能力是在生活中不断锻炼而逐渐增强的。

然而，现在许多独生子女被人们称作"抱大的一代"，面对挫折总是心存畏惧，丧失了克服困难的信心和勇气。一遇挫折就灰心丧气，甚至自暴自弃，一个重要原因就在于父母的教育方式。一方面，父母过分溺爱孩子，一切为孩子包办代替，几乎杜绝了孩子遭遇挫折的机会，一旦孩子面对突如其来的挫折，当然会茫然不知所措；另一方面，父母对孩子的期望过高，恨铁不成钢，对孩子的一点小错不去进行正确的引导，却一味指指点点，苛责斥骂、拳脚相加，使孩子的自信丧失殆尽，面临挫折，很容易一蹶不振。所以，在教育孩子的过程中，父母要改变方式，给孩子经历挫折的机会，正视孩子的过错，适当引导孩子，树立孩子的自信，不断增强孩子承受挫折的能力。

在现实生活中，父母为孩子包办一切，是造成孩子承受挫折能力差的重要原因。改变这种不正确的教育方式，是增强孩子挫折承受能力的前提。

当孩子面临挫折时，父母应鼓励孩子勇敢地去面对挫折。父母不能对孩子丧失信心，要耐心地引导孩子如何走出挫折。孩子有时会有一些过错，对孩子的过错不能一棍子打死，应与孩子一起分析错误原因，并认真总结教训，吃一堑，长一智，孩子的过错与失败正是为成功积累经验，只要父母合理引导，孩子拥有自信，成功不会是遥遥无期的。

通往成功的路有千万条，父母不应限定孩子必须走哪条。路的旁边还有路，孩子在这方面失败了，在另一方面可能会获得成功。因此，父母要善于发现孩子的兴趣、志向和闪光点，激励、引导孩子走上正确的发展道路，这样会增强孩子的自信心，不断增强对挫折的承受能力。

跌倒了，不忘记站起来，遇到挫折要有重新征服的勇气，还需要乐观的心态。在孩子遭遇挫折时，父母不妨讲一些名人成功的经历来激励孩子。让孩子认识到失败了要勇敢面对，也就离成功近了一步，以乐观的心态来对待挫折。这样孩子就不会害怕挫折，其承受挫折的能力会在一次次征服挫折的过程中得到增强。

父母是孩子的第一任老师，父母处理问题的方式会深刻

地影响孩子。父母遇到挫折时，应以乐观的心态、坚强的意志、巨大的勇气去面对，去征服挫折、战胜挫折，做孩子的好榜样。

孩子的成长之路，需要孩子自己去走。在面临挫折时，主要是靠孩子自己去征服。因此，增强对挫折的承受能力，需要孩子自己努力。每次遇到挫折后，要仔细分析原因，总结教训。要正确认识自己的能力，不贬低自己，也不夸大自己，一个方案不行可以换另一个方案，一条路不成可以再走另一条，关键是既要正视自己，也要正视挫折。100分孩子往往会把挫折当作成功的铺路石，乐观、自信地对待挫折，因为他们具有很强的挫折承受能力。

美国总统亚伯拉罕·林肯，1832年因失业决定从政，参加州议员竞选，结果失败。于是他着手开办自己的企业，不到一年也倒闭了。1851年，打算结婚时，未婚妻却不幸去世。1852年，他竞争国会议员，惨遭失败。1856年，再度竞争国会议员，又遭失败。为挽回因竞选而遭受的资金损失，他申请担任州土地官员，申请报告被无情地退了回来。又过了两年，他再次竞选国会议员，仍遭失败。一次次的失败与打击，都没能使他气馁。1860年，他登上了美国总统的宝座。

林肯最终能当选总统，没被一次次的挫折击倒，无疑与他很强的承受挫折能力是分不开的。因而，父母在教育孩子的过程中，千万不可忽视培养孩子承受挫折的能力，孩子也要注意从小磨练自己，不断增强自己承受挫折的能力。

专家建议

生活中每个人都会遭遇失败和挫折，关键是跌倒了要知道站起来，去战胜挫折。增强孩子对承受挫折的能力培养，是孩子走向成功的基础和前提。

(1) 父母应改变教育方式，放手让孩子自己动手多去尝试。

(2) 父母对孩子的过错行为，不要过多的指责，要适当地引导孩子，增强孩子的自信。

(3) 孩子遇到挫折时，父母应与孩子一起认真分析原因、总结教训，鼓励孩子走出挫折，战胜挫折。

(4) 承受挫折能力是在战胜挫折过程中不断增强的。因此，孩子要改变依赖心理，主动战胜挫折。

(5) 孩子要相信路的旁边还有路，一次失败不是永远失败，乐观、自信、坚强地面对挫折。

6. 自我保护能力：做自己的保护伞

“天有不测风云，人有旦夕祸福”，人生在世，难免会有陷于险境、受到危害的时候，听天由命是不能让自己顺利脱险的。只有增强自我保护能力，才能防范危害，即使身处险境，也能在抗争中转危为安。孩子由于自我保护能力不强，很容易受到来自外界的侵害，因而增强孩子的自我保护能力显得更加迫切。

一天清晨，小华背着书包，骑着自行车前往学校。在乡村机耕路的一个拐弯处，身后来了一辆面包车。由于道路太窄，所以他停了下来。不料，面包车也停了下来，车门迅速打开，车上一双大手把小华从自行车上拉进了面包车。没容他细想，一条毛巾已蒙住了他双眼，双手被反绑在背后，嘴也被胶布粘住了。11 岁的他此时才意识到自己被绑架了，凭感觉他认为有三个绑匪，心里很害怕，但他努力克制着。一个声音威胁道："不许叫！叫就弄死你！"没容他多想，背着书包的他被扔进了一只大麻袋里。

小华在心里不住地安慰自己：别怕！要安静！慢慢想办法。可是人在麻袋里，眼也蒙住了。也不知过了多久，车停了，绑匪扛着他走了一程，好像是进了一个房间。突然绑匪打开了麻袋，让他露出头来，撕开粘在他嘴上的胶布威胁说："想活命，赶快把你爸爸的电话号码说出来，不然就叫你死！"

小华想，绑匪要爸爸的号码肯定是为了要钱，一旦说出来，自己恐怕难保性命。于是他说："我爸妈在外地打工，爸爸的号码我记不清。好像记在我的语文课本上。"

一个绑匪迅速解下他背上的书包，拿出他的语文课本，扔下书包翻了几遍书，却怎么也找不着，吼道："记在哪儿?"

小华想让绑匪取下蒙眼的毛巾，便说："让我看看。"

绑匪说什么也不肯摘下他蒙眼的毛巾，说道："记不清你爸的电话号码把你妈的电话号码说出来!"

"妈妈没电话。让我仔细想想我爸的电话号码，想起来就说。"

也许是当时外面有什么动静，绑匪迅速地又用胶布粘住了他的嘴巴，把他的双脚也绑住了，仍然用麻袋装着他，还不忘

把他的书包和语文课本也扔进了麻袋，然后离开了。

过了一会儿，他确认绑匪们去远了，开始慢慢挣扎起来。忽然他想起书包里有把小刀，于是他慢慢地挪动着从书包里摸到了小刀，先把脚上的绳子割断，再把鞋袜褪掉，用脚趾蹭掉了嘴上的胶布。再用嘴咬着小刀，慢慢割断了手上的绳子，再割开麻袋，这才重重吐了一口气。

可以出去了！可他出了麻袋，仍然感到房间很暗，他有些惊慌，莫非到傍晚了，得赶紧逃！他跑到门边，可门被死死锁住了。走到窗户前，窗户也被钉死了。怎么办呢？他使劲地掰窗户上钉着的木板，终于掰下了一块，一看外面，大概是正午时分，阳光很刺目。

他赶忙收拾起自己的书包，先把书包扔出去，自己也从窗口钻了出来。他不熟悉这里的环境，也不知谁是绑匪，不敢走大路，就穿行在竹林和麦地里。跑了很久，他看见一个老奶奶，悄悄过去问这是啥地方，老奶奶说了个地名，他不知是什么地方。于是他说出自己家的地址，问老奶奶知不知道，老奶奶却也不知道。幸好此时过来一个妇女，问清情况后，把他送到了附近的派出所，这时小华才最终得救。

小华能最终逃离魔爪，主要得益于他很强的自我保护能力，临危不惧，沉着冷静想出了成功自救的办法。通过小华的故事可以看出，增强自我保护能力是遇险时成功自救的最佳保障。

在遇到歹徒行凶或绑架时，不能害怕，也不能盲目呼救，既要机智又要勇敢地与歹徒进行反抗。如果身边有电话，可以设法打 110 报警，特别要说清时间、地点以及犯罪分子的

一些情况；如果不行，可以借助他人的力量就近报警或制服歹徒。

为防止可能遇到的伤害，轻易不要去陌生的地方以及昏暗僻静的胡同、地下通道，无人管理的公共厕所、电梯，无人使用的空屋，晚间的电影院、歌舞厅、游戏厅等场所。另外防人之心不可无，对他人要保持适当的距离。女孩子特别要注意身体的任何部位不允许男性随便亲近和触摸。

如果身处火海，首先要沉着冷静，辨清安全方向，迅速撤离。撤离时，可以先把自己身上用水淋湿，用湿毛巾或湿衣服掩住口鼻，摸摸门把，如果是凉的，可以开门逃跑。是热的，说明外面火势很强，要另寻他路。身处高楼，要注意沿楼梯往下跑。如果火烧着了身上衣服，迅速脱掉衣服或就地打滚。如果有可能，还要及时拨打火警电话119……

如果在游泳时遇到危险，也不能慌乱。如果在水中出现头晕，则要立即上岸；如果腿脚抽筋，可以仰泳到岸边；如果呛水，要尽力使自己平静，原地踩水，擤出鼻腔里的水……

如果是突发水灾，尽量往高处跑，别忘了顺便带个大盆或其他能浮起自己的东西……

总之，不断增强自我保护能力，需要积累一定的生活经验。在日常生活中，安全二字常记心中。遇到危险情况时，既要机智又要勇敢，要善于随机应变。

100分父母在教育孩子时，不仅应教给孩子一些自我保护常识，还应通过游戏、演练等设计可能发生的情境，向孩子提出问题，不断增强孩子的自我保护能力。但要注意不能恐吓孩子，以免不良后果发生。

专家建议

增强孩子的自我保护能力，让孩子做自己的保护伞，一方面可以预防外来伤害；另一方面，可以使孩子在危险情况下成功自救。

（1）父母要教孩子一些自我保护常识。

（2）父母还可以设计一些游戏、演练等，提供可能发生危险的模拟情境，增强孩子的自我保护能力。

（3）孩子要有安全意识。

（4）孩子在遇到危险时，要能随机应变，机智勇敢，借用一切可借的人或物，迅速脱离险境，以保护自己。

7. 理财能力：成长离不开科学理财

置身于市场经济的大环境中，每个人每天都会与金钱发生着各种各样的关系，理财能力是每个人都应具备的重要能力。孩子虽然还没有固定的收入，但孩子在一定年龄后就会经常与金钱打交道。让孩子学会理财，不断增强理财能力，不仅可以使孩子养成不乱花钱的习惯，而且还有利于孩子独立自主地立足社会。

父母要教育孩子学会理财，首先要和孩子一起正视金钱。第一，要知道金钱不是万能的。在商品社会里，金钱虽然能买到很多东西，具有很强的“魔力”，但金钱并非万能，比如金钱无法换取到情感、道德甚至于生命。因此必须反对金钱至上，一切向钱看的理论和观点。第二，金钱在生活中是必需的，没

有钱又是万万不行的。日常生活中的吃、穿、住、用、行都离不开金钱，因而不能把金钱当作万恶之源。第三，对待金钱，要“取之有道，用之有度”。获取金钱的方式必须是合法的，用钱不能挥霍，要学会节约。

其次，父母要让孩子做出自己的财务计划。孩子的钱主要来自于父母给的零花钱和亲戚朋友逢年过节给的“礼”钱，这些钱就是孩子的“财政收入”，如何合理使用则必须做出“预算”，制定自己的财务计划。孩子可以以周为周期编制财务计划，一周一次“决算”。如果“财政”运行良好，有些节余，父母要鼓励孩子把钱存起来，告诉孩子这样出现突发事件就不会手忙脚乱，让孩子养成存钱的好习惯。如果出现了“财政赤字”，父母应视具体情况考虑是否给予“财政拨款”，最好不要接济孩子。如果孩子的钱花得合情合理，可以先向孩子提供“贷款”，到期必须归还，或从其零花钱中扣除。当然，家庭内要给孩子提供赚钱的机会，比如让孩子做些家务，给予一定的物质奖励，既让孩子懂得金钱来之不易，从而养成节俭习惯，又让他有能力偿还“贷款”，甚至还可能赚钱去买自己所需要的商品，使他们体会到收获的愉快。

闻名世界的“石油大王”洛克菲勒，虽然资产无数，但对子女却十分吝啬。每个周末，孩子们从父母那儿得到十几美分的零花钱，怎么花可由孩子自己支配。但是，孩子们在临睡前必须记下每天的每笔花销，洛克菲勒每晚都要查看。无论孩子们买什么，都必须说出合理的理由。如果解释合理会得到几美分的奖赏，否则就会在下周的零花钱中扣除。如果孩子们的零花钱不够，他们得靠自己的双手去争取。所以，每个周末，洛克菲勒的孩子们会忙这忙那，如修剪草坪、打扫花园等。

亿万富翁的孩子们尚且如此对待金钱，普通家庭中的孩子更要懂得理财的重要意义。实际上，无论家庭贫富，都要明白金钱来之不易，勤俭乃持家之本，都要学会理财。

再次，父母给孩子的零花钱要适度，不能太多，也不要太少。一般说来，孩子从 3 岁开始，便有了钱的观念。6 岁半左右，父母就要适当给孩子一些零花钱，而且随着年龄的增大要适当增加。孩子的零花钱不能滥给，不能把零花钱与孩子的应尽义务挂钩。

最后，父母不妨试试让孩子当一天家，以此增强孩子的理财能力。俗话说：不当家不知柴米贵。让孩子试着当一天家，使孩子体会到父母的艰辛，从而自觉养成勤俭意识，有利于增强孩子的理财能力。

为了培养和增强理财能力，孩子自身要勤劳节俭，理智消费，合理使用父母给予的每一分钱，同时要正确对待金钱，树立正确的金钱观念。

专家建议

理财能力比拥有金钱更重要。从小培养孩子的理财能力，既可以培养孩子养成勤俭节约的习惯，又有利于孩子将来独立自主地立足社会。

(1) 父母自己要正确看待金钱，同时要以此教育孩子。

(2) 父母给孩子的零花钱要适度。

(3) 父母要求孩子做出自己每一周或每一月的财务计划。

(4) 孩子的零花钱超支时，父母不要给他接济，可以要求孩子通过家务劳动来赚取。

(5) 父母不应把零花钱与孩子的应尽义务挂钩。

(6) 父母不妨让孩子尝试当一天家。

(7) 孩子从小要养成勤俭节约的好习惯。

(8) 孩子从小要学会理智消费，需用的则用，可花可不花的尽量不花。

有效沟通 亲子共赢

有效沟通是家庭教育成功的关键。而沟通则是亲子间的双向活动，相互平等、相互尊重是有效沟通的前提和基础。沟通需要讲究一定的方法和技巧，让爱在彼此心间流动。

童言无忌

母亲

语文老师正在台上讲高尔基的代表作《母亲》这一课，而同学却在桌下打逗，被老师发现了，老师叫起同学问：“你听见我讲课的内容了吗?”同学回答：“听得一清二楚。”老师继续问：“那么《母亲》这个标题是什么意思呢?”同学响亮地回答：“一定是高尔基的母亲吧!”

懂礼貌

1. 在平等中达到有效沟通

每个家庭都企盼建立良好的亲子关系，有效沟通是建立和谐亲子关系的主要手段。在沟通中，最重要的就是亲子间要以朋友的身份平等相处。如果在亲子沟通中，父母老是以长辈身份对孩子颐指气使，不给孩子以人格上的尊重，那么要教育孩子的目的不仅不会达到，还可能会造成孩子的反感；同理，如果孩子老是以“小皇帝”、“小公主”的身份自居，只知道要求父母满足自己，不站到父母的位置去体谅父母，则也不能让父母理解自己，是不能达到沟通效果的。

在亲子沟通中，首先是父母要放下架子，以朋友的身份对待孩子，让孩子能感受到父母尊重自己、信任自己。这样孩子才会信任父母，愿意把自己的心事说给父母知道，父母才能以此为依据去正确教育孩子。

朱兰有一双可爱的儿女，一天，当一家人一同去超级市场时，4 岁的儿子因为姐姐先坐进汽车不高兴，朱兰在车门前蹲下来，两只手握住儿子的双手，脸对脸目光正视着孩子诚恳地说：“谁先坐进汽车并不重要的，对吗?”孩子看着妈妈会意地点点头，钻进了汽车并挨着姐姐坐下了。又有一次，大家一起去公园玩，儿子和姐姐跑跑跳跳，到湖边去看戏水的鸭群时，不小心绊了一跤，眼泪在他的大眼睛里滚动着，马上要流出来了。这时，朱兰很自然地蹲下来，亲切地对儿子说：“你已经不是小宝宝了，是不是? 你已经是个大男孩了，绊一下是没关系的，对吗?”这时，孩子一下子就收住了眼泪，自豪地玩去了。朱兰谈

起自己的教育方式时说：“在我小的时候，我的父母亲就是这样同我们说话的。我们认为，孩子也是人，也是独立的人，只因为他们比我们矮一些，我们就应该蹲下来同他们说话……”

在亲子沟通中，父母蹲下去和孩子说话，内心把孩子当作朋友，这样才能让孩子从心里把父母当作朋友，快乐愿意和父母分享，苦恼愿意向父母倾诉。

换一个角度说，孩子也要抛开“小皇帝”、“小公主”的思想，站在父母的位置替父母想想。父母才不至于始终把孩子当“孩子”看待，而会以朋友的身份参与孩子的活动，为孩子提出真诚的建议，而不是训斥。

欣儿读书不太用功，每天放学回家不是看电视就是到处疯玩。

一天，妈妈又苦口婆心地劝她要用功读书，专心做作业，可欣儿仍旧是一边做，一边东张西望，一副心不在焉的样子。妈妈很伤心，叹了口气，坐到欣儿身边，说道：“欣儿，妈说个故事，你愿意听吗?”

“什么故事？快说呀！”欣儿听说妈妈要讲故事，可来劲了。

“有个小女孩和你一样，老是爱玩，做功课不认真，每次考试都是刚及格，爸爸说她淘气，她无所谓，整天到处疯玩。小学毕业，要上初中了。可就在那个暑假，爸爸生病了，住进了医院，再也没有爬起来。开学了，小女孩哭诉、嚷着要去上学，可家里哪有这个条件呀！她跑到医院向爸爸哭诉，爸爸笑了，高兴地叫她明天上学去。第二天，只见亲戚朋友用担架把爸爸抬回了家，担架上挂着一只新书包，爸爸颤抖着手把书包

递给她，她高兴极了。和妈妈一道去学校报到的路上，只见妈妈不住地擦眼泪，她很奇怪，问妈妈怎么了，妈妈不说。几个月后，爸爸去世了，小女孩这时才惊醒，是爸爸省下了救命钱让她读书。当她决定要用功读书时，已经不行了，家里条件实在太差……”妈妈说着说着，不禁泪流满面，原来她是在说自己童年的往事。

欣儿也流泪了，一边掏出手帕给妈妈揩泪，一边说道：“妈，你那时真苦！与你相比，我非常幸福，可我却在心里怪你太小气，每周给我那么点零花钱，我不该，是我不对！以后我会用功读书的！”

“是妈不好，妈不该向你唠叨这许多！给你的零花钱也少，可是只要够用就行了，你说呢？”

“其实那些钱是够用的，可我看到班上几个同学穿着耐克运动鞋，挺神气，我也想要。可又不敢说，只希望你能多给点零花钱，我慢慢省下来，明年我就能买啦！”

这一晚，欣儿主动和妈妈谈了很多很多，她觉得妈妈与以前不一样，即使她说起做错的事，也没骂她，而是教她下次怎样避免出错。这以后，她把妈妈当成了自己的好朋友。

女儿把妈妈当成了朋友，这就迈出了有效沟通的关键一步。其实，亲子沟通是双向活动，父母与孩子都是沟通的主体，关键是要在心理上、人格上处于平等地位。

专家建议

在亲子沟通中，父母与孩子都要把对方放在与自己平等的

位置上，才能保证沟通的顺畅、有效。

（1）父母要多站在孩子的角度去想问题。

（2）父母仅有热心肠的唠叨是不够的，必须注意沟通的方式方法，用“心”与孩子进行沟通。

（3）孩子也应站在父母的角度去思考父母的观点、态度等。

（4）父母与孩子要相互尊重，把对方当成是自己的朋友，则能保证沟通顺畅。

2. 倾听是对孩子的尊重

一个人有压力时总会力图放松，有心事时总渴望某天能够向他人倾诉。当孩子进入心理断乳期的时候，他们有较强的独立意识，但他们的心理却很脆弱，只希望满腹心事能找个倾诉的地方。父母是孩子最亲近的人，可是许多父母却发现：孩子大了，对父母说的话却少了，也就是人们常说的父母与孩子间有“代沟”。是什么原因呢？很多时候，孩子向父母诉说时，父母要么忙要么没有耐心听不下去，久而久之，父母不会倾听，孩子也就不愿诉说了。

要达到有效沟通，父母必须给孩子倾诉的机会，放下架子，耐心倾听。100分父母成功的秘诀之一就是善于倾听，让孩子把话说完。因为他们懂得，让孩子把话说完是充分尊重孩子的表现。尽管有时孩子说的话很荒唐、很可笑，但他们仍然会平心静气地听下去，孩子感到父母是可信任的，因而以后更愿意向父母说出心里话。

暑假里闲着没事，昊子吵着要妈妈给他报英语兴趣班。妈

妈认为，儿子要学英语是好事，便给他报了名。可这个兴趣班在离家8站远的一所外语学校，妈妈问他是不是真的愿去，他却坚定地说一定要去。

刚学两天，昊子回家就说："我不想上了，我对英语一点也不感兴趣了。"

妈妈很生气，但她知道这是儿子自己选择的，想看看儿子到底打算如何收场，所以忍住了没发火，也没摆到脸上，只是"哦"了一声。

"真可恨！大热天堵车，衣服湿透了事小，可上学却迟到了近半个小时。"昊子在房间里走来走去，不耐烦地嚷道。

妈妈一听，看样子儿子不是对英语不感兴趣，而是今天上学迟到了，于是又"哦"了一声。

"公交车上真挤！我早上起得够早了，可还是迟到了，真烦！"儿子接着嚷道。妈妈还是只说了声："是吗？那你可不可以骑车去上课呢？"

"对呀！我怎么没想到呢？我明天骑车去，就可以不等公交车，早点去，也许不会碰上堵车。"昊子看到了屋里的自行车，突然高兴起来。

通过耐心的倾听，妈妈打消了一份担心、生气。可见，有时父母倾听孩子诉说，正是对孩子无言的关爱。没有任何事情比听完孩子的话更重要，所以父母在倾听时要注意以下问题：第一，要抽出时间倾听孩子诉说。如果父母正在做事，立即停下或准确估算一下还需多长时间能完成，并请求孩子耐心等待一会儿。第二，倾听时要注意对孩子表现出莫大的兴趣，并注意自己的身体语言，坐到孩子身边，眼望孩子，像朋友一样耐

心地倾听。第三，倾听时要专心，集中注意力，切忌心不在焉，干这干那。这样孩子才会感到父母对他感兴趣，从而将倾诉继续下去。第四，不要轻易打断孩子说话，即使是孩子提出了问题，也不要急于作答，轻易打断孩子说话，孩子会失去倾诉的耐心。父母要能沉住气，倾听过程中也别提出过多的问题，可以用适当的话如“真的吗”，“不会这样吧”，“真逗”，“后来怎样”等，鼓励孩子继续说下去。第五，听完之后，对孩子的某些错误看法要指正，帮孩子弄明原因，并说出自己的经验。还要注意搜集孩子没有倾诉出来的信息，这样才能达到最终有效沟通的目的。

一个上初二的孩子，有一次因一点琐事和同学打架，事后班主任批评了他，而对和他打架的另一同学只轻描淡写地说几句，他感到非常委屈。因为是那个同学先动手打他，责任主要不在自己，因而对班主任很不满。回家后他向妈妈诉说他的委屈，尽管在他的语言中妈妈听出来开始是他不对，争吵起来后，那个同学先动手打了他。妈妈想说他几句，但因嗓子痛只是张了张嘴，说不出话来。孩子见妈妈未批评他就错认为妈妈理解他，就把事情发生的前前后后细说了一遍。妈妈更听出他有很多不对的地方。心想：你的错误也不少，还委屈什么。若我不是嗓子痛，今天非批评你一顿不可。但终因嗓子痛而不能说出来。而孩子见妈妈一直没说话，以为妈妈完全理解他了，于是就步伐轻松地回房做作业去了。吃晚饭时更是有说有笑，白天在学校受的“委屈”也烟消云散了。

第二天吃早饭时他对妈妈说：“妈妈，昨天我向您诉说在学校受的委屈，能得到您的宽容和理解，我非常高兴，心情也

好多了。可是晚上静下心来想想，我在这件事中也有很多不对的地方，更不该生班主任的气，因为班主任也是为我好，我今天就向班主任承认错误去。”放学回来，孩子对妈妈说：“我向班主任承认错误，班主任还表扬了我。昨天您若不等我说完就训我或骂我几句，我会觉得更委屈，更不痛快。妈妈，您能理解我，真是我的好妈妈。以后有什么事，我都会先给您说。”孩子的一席话，使妈妈开始深思、反省以前对孩子的教育，动则训斥，甚至打骂，根本不考虑孩子会怎么想。即使是大人受到委屈，也会找个信任的人诉说。盼望知心人分担，并希望能得到知心人的支持和帮助。但若是反受到知心人一顿批评或指责，又会怎么样呢？何况是孩子！

这件事之后，孩子对妈妈说的话多起来了，凡是在学校里知道的事什么都愿意说。妈妈也总是耐心地听他把话说完，直到孩子征求意见时，妈妈才谈自己的意见。对有些事情，孩子有意见，妈妈也耐心倾听，然后认真帮孩子分析为什么。妈妈说话时，孩子专心地听着，并不时点头。若对孩子提出的问题一时难以说服，也要尽量找出他的话中有道理的部分并给予肯定。对没有道理的话，并不马上否定或批评，而是说，让妈妈再想一想，从而让孩子情绪稳定，然后再跟他好好谈心，即使谈心时孩子仍认识不到，也不训他，而是用平等的、商量的口气对他说：对这个问题妈妈的看法和你不同。再将自己的看法说给他听。

这样处理，孩子一方面得到了尊重，敢说真话、实话、心里话；父母也才能知道孩子在想什么。孩子也才会对父母无话不谈，父母和孩子间就可成为最好的知心朋友。可见，认真倾

听孩子的心声，体现了亲子间的民主与平等，流露出的是父母对孩子更深切的关爱。

倾听实际上是对孩子权利的尊重，有利于消除父母和孩子间的代沟，让孩子体会到关爱，从而对父母更加亲近、信任，同时也有利于培养孩子对事情提出独特看法，养成独立自主意识。

专家建议

倾听孩子的说话，是对孩子的关注和信任，能赢得孩子对父母的信任，父母也能通过沟通更多地了解孩子的心理活动。父母必须记住：倾听有利于沟通，语言天生并不完美。

(1) 父母要抽出时间倾听孩子说话，无论孩子的观点多么离谱，他们都希望得到父母的关注。

(2) 倾听时要耐心、专心，要表现出对孩子的兴趣。可以适当运用自己的身体语言，比如靠近孩子，眼望孩子等。

(3) 不要轻易打断孩子说话，这是对孩子的尊重。

(4) 倾听过程中，可以用适当的话引导孩子继续说下去。

(5) 听完后，对孩子的某些观点加以斧正，一定要让孩子弄明原因。

3. 讲究沟通时的语言技巧

俗话说：“三句好话心头暖，三句恶语透心寒。”语言是人与人之间最普遍最有影响力的交流手段，言语不同，效果会大不一样。良好的亲子沟通，建立在相互平等、相互尊重的基础

之上，需要通过语言表达出自己的看法、分享到对方的观点，让亲子间的关爱流动在彼此心间。因而，沟通必须讲究一定的语言技巧。这对于父母来说尤为重要，因为父母负有教育孩子的天然使命。

（1）沟通时言语要清楚、具体、明确

沟通是为了表达出自己的观点或者分享对方的观点，所用言语一定要具体、清楚、明确，这才能让对方真正明白。比如父母让孩子出去玩一会儿，再回家做作业，这样的话就不具体，因为孩子的“一会儿”与父母的可能不一样，这就很容易引起冲突。可见，沟通要有效，言语必须具体、明确。

（2）尽可能提供给孩子选择的权利，不要擅自决断

孩子毕竟是独立的个体，有自己对人对事的看法，不管成熟与否，父母都不能擅自决断，这种对孩子不尊重的行为，只会让孩子觉得父母在滥用权威。比如，孩子看电视的时间太长了，妈妈气愤地说：“都什么时候了？还看电视！如果读书像看电视这样就好了。”说罢把电视关上了。这样只会让孩子对妈妈厌烦，进而厌烦读书。尽可能提供给孩子选择的权利，即使最后的选择权不一定是孩子的，但是父母通过言语诱导孩子做出正确的选择，使孩子明确了原因，还会让孩子更加信任父母。比如：孩子上学快迟到了，却还赖在床上，妈妈走过去：“儿子，7点了，你是不是该起床了？妈妈也到点了，一会儿可没工夫叫你了。”说罢还顺便亲孩子一口。孩子一想是该起床了，于是便爬起来了。

（3）通过言语把关爱透露给孩子

亲子沟通不是审判，要排除咄咄逼人、君临一切的姿态；亲子沟通也不是谈判，要避免讨价还价以及哀求的口吻。因

为这两种方式都不利于让孩子感觉到父母的关爱。父母在言语中把关爱的信息透露给孩子，能增加孩子对父母的亲近和信任，孩子会怀着感恩的心与父母交流，有利于沟通的有效继续。比如：孩子放学后很久都没回家，吃完饭后就跑进房间，爸爸对他说："你没按时回家，我和你妈非常担心，弄得我们饭都没吃好。以后不能按时回家的话，打个电话回来，好吗？免得我们惦记你。"这时孩子可能会感到抱歉，还可能说出原因。

要注意的是言语中的关爱，不是唠叨着说自己怎么辛苦，怎样为孩子操劳，这样孩子是很难领情的。关爱的话不在于多，只要说到了孩子心里，三两句也行，要知道适可而止。

（4）误解了孩子要主动道歉

一个人不可能永远不犯错误，当父母误解了孩子或言语刺伤了孩子时，要勇于向孩子道歉，这样孩子也就不会认为承认错误是件可耻的事，也就不会为此而说谎，还能提高孩子分辨是非的能力，尝到原谅别人的滋味，懂得宽容的意义。

被称为"西班牙王国上空的一颗光辉灿烂的巨星"的拉蒙·依·卡哈小时候很顽皮，13岁的他运用所学知识造了门"真"的大炮，一发射，把邻居家的孩子打伤了，闯了大祸，被罚款和拘留。当他从拘留所出来后，通过刻苦自修当上萨拉大学应用解剖学教授的父亲，把卡哈这个"顽童"着实训斥了一顿，并责令他停止学业，学补鞋子。后来，父亲越来越觉得这样的处罚过于严厉，孩子闯了祸是要管教，但不能因此而因噎废食。于是，一年后，父亲上鞋铺接回了卡哈，搂着孩子深情地说："我做得不对，我向你道歉。我不该因为你闯了一次祸而中断你的学业。从现在起，你就在我身边学习吧，你会有出息的！”从此，卡哈潜心学习骨骼学，终于成为举世瞩目的神经组织学家，荣获了诺贝尔奖。

著名诗人、民主战士闻一多，有一次因心烦出手打了还不懂事的小女儿，恰好被在外屋的次子立雕看见了，他挺身出来批评父亲不该打小妹，且上纲上线地说：“你自己是搞民主运动的，天天讲民主，在家里怎么就动手打人呢？”闻一多一愣，静坐沉思少顷后，走到立雕面前，神情十分严肃认真地说：“我错了，不该打小妹。我小时候父母就是这样管教我的，所以我也用这样的办法来对待你们。其实这么做是错误的，希望你们记住，将来不要用这样的方法对待你们自己的孩子。”

有的父母认为“向孩子认错、道歉，会失面子，会失去权威”的担忧是多余的，父母向孩子道歉，对教育子女无疑是大有裨益的。父母在家庭教育中出现过失、错误时，理当采取明智之举，勇于向孩子道歉，这样，才会促进亲子间的有效沟通。同时，这也是父母为孩子树立榜样。如果做父母的有了错误，能主动向孩子道歉，那么当孩子有错误时，他也会主动承认错误，主动道歉。

另外，在亲子沟通中，幽默的言语可能会带来意想不到的效果，有助于调节气氛，培养孩子的乐观性格。

总之，亲子沟通中，言语的作用是不可忽视的。在强调父母要善于倾听的基础上，还要善于表达，让孩子明确父母的关爱，通过亲子沟通，使父母达到教育孩子的目的。

专家建议

在亲子沟通中，言语的好坏会直接影响到沟通的效果。因此必须注意以下几点：

（1）沟通的言语必须具体、明确，不能含糊其词。

（2）父母不要擅自决断，要放下架子，尽可能提供给孩子选择的权利。

（3）父母不要唠叨，只要有关爱，三两句也成。

（4）亲子沟通中，父母和孩子都应注意言语要得体，让对方能接受、易接受。

（5）幽默的言语能促进有效沟通。

4. 选择良好的沟通时机

亲子沟通是父母与孩子间的双向活动，要想使沟通取得良好的效果，前提是亲子双方都能积极参与，乐于交流。因而，为了保证沟通有效和顺畅，必须注意选择沟通时机。

第一，父母要多抽出时间陪孩子，相处时间多，沟通的机会就多。

一位“哈佛”学子的父亲说：“每当一家人团聚在一起吃饭时，是我一天中最快乐的时光。一家人白天不愉快的心情在餐桌上烟消云散，特别是听到孩子说些离奇古怪的话时，惹得我们夫妻俩捧腹大笑。当孩子白天有情绪时，晚上在餐桌边噘着小嘴、娓娓说着时，我俩总会认真倾听，与孩子一起找出问题症结所在。每晚在餐桌上帮孩子解决一个又一个问题，我也

向孩子学了许多知识。当孩子最需要帮助时，第一个想到的便是父母，第一个出现在孩子身边的也是我俩。”这位父亲虽然担任一家集团公司的总裁，平时工作挺忙的，但只要不出差，他每晚都会回家陪伴妻儿。有人曾问他：“你事业上很优秀，培养的孩子也优秀，真了不起呀！你是怎么做的”他一语双关地答道：“也没什么，只不过我比别人多用些时间。”

其实，父母忙碌是为了孩子，因而什么都抵不上孩子重要。只要有心，时间是能够挤出来的，比如可以少参加一些没必要的应酬，把打麻将、喝酒、跳舞的时间减少一些，陪陪孩子，多与孩子沟通、交流，得益的不仅仅是孩子。

第二，要让孩子有时间参与沟通。

父母要多抽出时间与孩子沟通，但不能一厢情愿，要保证孩子有时间参与。如孩子正忙，沟通前，父母可以提醒孩子：“咱们占用一点时间说说话，好吗?”这样，亲子双方商量出的合适时机，孩子思想才不会开小差，沟通才会有效。

然而，在现代家庭中，父母总是忙于工作，与孩子一起相处的时间很少，因此，许多父母总想抓住一切时机来教育孩子。孩子一回到家，有些父母就唠叨开了，因为父母大多对孩子抱着过高的希望，担心孩子这样，又担心孩子那样，不多说说仿佛不行，毫不顾及孩子的感受，殊不知作为独立个体的孩子也忙，也应该有一些个人空间，而父母的一厢情愿，只能带来孩子厌烦和逆反，永远都无法取得良好的沟通效果。

第三，父母有情绪时，要暂缓沟通。

良好的沟通必须有一个理智的心理环境。在父母心情不佳、过于疲劳或工作中遇到了棘手问题必须尽快处理时，应暂缓与孩子的沟通。特别是要注意不谈孩子的过错问题，以免情绪过

激，出现偏差行为。如果是孩子需要沟通，在这种情况下，父母要注意调整心态，控制好自己的情绪。在愉快的心情下进行亲子沟通，往往会有意想不到的效果。

第四，孩子有情绪时，需要与孩子沟通。

孩子有情绪时，说明孩子遇到了棘手的问题需要处理，此时父母作为孩子最亲近的人，理应站出来，给幼稚的心灵指引道路，与孩子一起分析，引导孩子找出解决问题的方案。

在这里需要注意的是“热”问题不妨“冷”处理。比如孩子出现了诸如偷窃、欺骗、早恋和逃学等一些严重问题时，家长不能操之过急，要对孩子的问题进行一个较为全面的了解，并有比较成熟的解决策略才行，同时也要给孩子一个认真思过准备接受教育的时间。一旦双方都有了思想准备，就可以抓住时机进行教育。

有一个叫全全的孩子，学习成绩很棒，但就是有些小偷小摸的毛病。妈妈隐隐地感觉到有这么回事，但苦于没找到好办法教育他，所以暂时也不点破。有一次，全全又手痒了。班上有个同学拿着爸爸的手机在班上炫耀，那时手机还是希罕物，很吸引人，于是全全便寻机下手，终于把手机偷了回来。到家后他总爱呆在房间里偷偷玩弄手机，妈妈发觉不对，估计这孩子有问题，但她没有急躁地处理，而是静观其变。一天，妈妈知道电视上将会播出一个叫“警方视线”的栏目，妈妈觉得这是一个教育孩子的机会。于是，她叫儿子一起来看电视，电视上说的是一个优秀少年堕落的故事，这个少年从小偷小摸开始走上了抢劫杀人的犯罪道路。妈妈借机随口说道：“全全，这个案子教育我们一定要做诚实正直的人。别人的东西再好，终

究是别人的。所以绝不能存在不劳而获的念头，不然就会像电视上那个孩子一样，后悔时已经太晚了。”孩子深受震撼，默默将手机放在了同学的课桌里，以后再也没偷过别人的东西。

这位妈妈很冷静地处理了这个棘手的问题，而且让孩子深受启发，这就达到了有效沟通，教育孩子的目的。

但有时，孩子的某些“冷”问题又要进行“热”处理。比如孩子习惯的养成往往是一个过程，如果处理不好，则可能让孩子养成不良的习惯。

苗苗进了一所寄宿制初中，每周周末回家一次。又到了周末，妈妈见苗苗噘着嘴，一副不高兴的样子，便问道：“苗苗，怎么了？”

“她们都说我不讲卫生。”苗苗说着，扔下一袋脏衣服。

妈妈马上明白了，苗苗从小娇生惯养，饭前便后洗手的问题妈妈再三催促她还是时常忘记。在学校，妈妈不在身边，就更不会讲卫生了。

快吃饭了，苗苗又像往常一样，端起饭碗就准备吃饭。妈妈指着早就为她准备好的肥皂、毛巾，说：“别忘了，讲究卫生身体好！”苗苗突然领悟，赶忙跑去洗手。以后，只要苗苗忘了，妈妈都会及时提醒。一段时间后，苗苗再也不用提醒了。

又一个周末，苗苗没带脏衣服回来，还高兴地说：“同学们说我进步真快！”

总之，在亲子沟通时，时机会直接影响沟通效果。100 分父母必定善于把握沟通时机，与孩子进行沟通，给孩子的是尊重与信任，孩子乐意参与，因而沟通效果明显。

专家建议

亲子沟通必须是亲子双方都有时间、都乐于参与的情况下，才能取得良好的效果。因此，必须把握好沟通时机。

(1) 父母多抽出时间陪孩子，能增加沟通时机。

(2) 父母要在孩子有时间的情况下与孩子沟通。

(3) 父母情绪不好时，千万别急于处理孩子的问题。

(4) 孩子有情绪问题时，父母要与孩子沟通，在了解了问题，有较为妥善的解决方案时，才与孩子一起商量，引导孩子做出正确的选择。

(5) 孩子要注意主动与父母交流，以便有困难时让父母及时帮忙，找出解决方案。

(6) 孩子有问题时最好等到父母心平气和时提出。

5. 营造温馨的沟通环境

毋庸置疑，亲子沟通肯定是在一定的环境中进行的。但是，取得有效沟通需要怎样的环境呢？换句话说，父母应该为有效沟通营造什么样的环境呢？

许多教育学、心理学专家研究后一致认为：亲子有效沟通的首要环境是和谐民主的家庭氛围。在这样的家庭里，父母、亲子以及其他家庭成员之间感情和睦，相互尊重、相互关心、相互体谅，父母会经常关注孩子的细微变化，尊重孩子的人格和权益，给孩子以适当的独立和自由。在这样的环境里，父母、

孩子能够亲密合作，出现一些情绪问题也易于自我控制，因而都能够理解、宽容和接纳，所以很少会出现沟通“堵塞”。因此，为了取得有效的亲子沟通，父母必须营造和谐民主的家庭氛围。

当淘淘取得考英语等级证书的资格以后，父母就满心希望他能够通过自己的努力取得让他们欣喜的成绩。考试将至，淘淘表现出了从来没有过的吃苦精神，他也希望通过自己的努力让父母开心。

从考场出来，淘淘对自己的成绩从考前的五分把握提高到了七分。父母打心眼里希望淘淘这一次能够取得好成绩，心里也觉得淘淘应该能够考好的。好不容易熬到了第三天，父母知道了分数，淘淘没有通过。回到家，爸爸打算寻找适当的时机，就淘淘这次考试与他好好谈谈，也许这次挫折对淘淘来说是一次契机，从此让他懂得“天外有天”的道理。

晚上，爸爸妈妈对淘淘说了他的考试分数，淘淘的脸色顿时阴沉下来，那原本快乐的笑容一下子消失得无影无踪，努力地不让眼泪从眼眶里落下来。他准备沉默地接受父母对他的批评与指责，不再像往日一样为自己辩护，他沉默着。直到父母说：“我们说完了，你有什么要对父母说吗?”淘淘摇摇头，然后回到桌前开始做自己该做的作业。以后三天，父母再没有看到他的笑容，也没有听到他说过一句话。他的沉默让母亲有些难过，母亲知道淘淘的内心深处受到了他有生以来从未有过的挫折与打击，他的内心充满了不知该用何种语言才能说得清的失意、挫败和落寞。

贪食的淘淘开始饭量大减，人也消瘦了，他整天沉默寡言，

但却更加乖巧，他开始关心起怎样不让父母操心、难过，甚至开始学着照顾父母。但妈妈从心里觉得这样的转变在这时并不是一个好现象，妈妈不知该怎样来改变这个现状。

第五天，爸爸终于想到了一个可行的办法。放学后，淘淘按时回家，认真完成作业，只是他依然沉默。晚饭后，爸爸对淘淘说："儿子，你是不是该给外婆打个电话，把你考英语等级的事告诉一下外婆。"

开始淘淘脸上闪过一丝犹豫，随后说："不打了吧。"

爸爸说："你已经长大了，成功也好，失败也好，都应该让自己的亲人知道，我想你这次虽然没有考好，外婆一定不会因为你没有考好而认为你不是她最喜欢的外孙。"

淘淘拿起电话躲到自己的房间里给外婆打电话，爸爸坐在客厅里没动，而妈妈则躲在房门外，惟恐听漏了一句。

淘淘的声音是怯怯的，妈妈只听见他说："外婆，我有一件不愉快的事要告诉您，我英语等级没有通过，是阅读理解考得不理想。"这以后就是"嗯、嗯"的声音，再后来，妈妈听到了淘淘轻轻的哭泣声。等到淘淘终于哭了出来，妈妈的心也终于松了下来，向爸爸做了一个手势，爸爸点点头。

爸爸知道这次考试的失利对于淘淘来说是一次很大的挫折，他不知道该怎样来释放自己心里的不畅，他甚至担忧因为他的失利，从此在爱他的长辈眼中自己将是一个不讨人喜爱的孩子。

爸爸走到淘淘的房间，来到他身边，为他擦去了眼泪。爸爸对淘淘说："在这个世上比你强的人还有很多，因此要学的东西也还有很多。这次考试失利，只不过是你人生挫折的起步，以后你还会碰到很多。但是，不管你怎样，只要尽了自己最大的努力，也就没有什么好遗憾了。而爸爸妈妈会一如既往地在

你的身边支持你好好学习，取得更好的成绩。”

淘淘点点头，他的脸上重新出现了以往的灿烂和生气。

不言而喻，在一个顶着学校、家庭、社会、学业等沉重压力下生存的孩子，常常体味成败交替的欣喜与沮丧。不管他们如何追求完美，如何乐观地对待生活，但在现实生活中都难逃失败的降临。然而，坚强的孩子常常把失败的苦涩、人生的不如意等一系列负面情绪深埋在自己的心里。这时做父母的应利用各种机会，营造一个良好的沟通环境，让孩子把藏在内心里的东西都袒露出来，然后父母利用这良好的沟通氛围对孩子加以引导。这种和谐的沟通环境，不仅有利于亲子间达到有效的沟通，而且还可以让孩子在这种环境下心悦诚服接受父母的教育，在不知不觉中朝着父母希望的方向发展。

另外，父母要主动创造环境，抓住与孩子相处的时光，借机与孩子进行有效的沟通。

第一，父母可以在全家共进晚餐时与孩子进行沟通。晚餐时间是全家一天劳累后的放松时间，此时大家心情都比较好，一家人围坐在一起，感觉着彼此间的亲密，可以畅所欲言，此时进行亲子沟通容易取得良好效果。要注意保持这种轻松活泼的气氛，不要变成刻板的说教。

第二，父母可以引导孩子一起做游戏，在游戏氛围下与孩子进行沟通。爱玩是孩子的天性，做游戏是孩子的内心需要，是孩子的基本实践和独特的学习形式。父母选择一些符合孩子身心发展不同阶段的游戏，在游戏进行中以及游戏结束后，再抓住时机与孩子进行沟通，孩子乐于接受，容易取得良好效果。

第三，父母还可以创造其他的沟通环境，只要是与孩子相

处在一起，只要是采取孩子能够接受的形式，都可以进行亲子沟通。

其实，无论在哪种环境下进行亲子沟通，父母都必须考虑孩子的身心发展特点，尤其是要从孩子的心理特点出发，采取孩子易于接受的形式，才能取到良好的效果。

专家建议

亲子沟通的环境直接影响沟通的效果。营造亲子双方都能放松心情，心境愉快，乐于接受的环境是很有必要的。

（1）父母双方要和谐相处，给孩子稳定、可靠的温馨家庭环境。

（2）亲子关系也影响到家庭的和谐幸福。父母要尊重孩子，做孩子的朋友；孩子要尊重父母，孝敬父母，体谅父母。

（3）在全家共进晚餐时，父母可以利用这种轻松氛围与孩子进行沟通，但不要训斥孩子。

（4）父母还可以引导孩子一起做游戏，在游戏中进行亲子沟通。

（5）在亲子沟通中，要考虑孩子的身心发展特点，沟通的内容和形式要符合孩子的心理特点。

值得关注的热点问题

在传统观念与现代文化相碰撞的今天，家庭教育不可避免地面临一系列的难题。这些问题令父母揪心，令孩子困惑，必须妥善处理。

童言无忌

问得好

爸爸："孩子，应多吃些西红柿，西红柿所含的维生素对你身体是很有好处的。"

女儿："爸爸，西红柿里的维生素，对它本身有益处吗?"

二郎山最高

地理课堂上。

老师问："我国最高的山峰是哪座山?"

小明不假思索地回答："二郎山。"

老师说："我在上一节课讲了，我国的珠穆朗玛峰高8844.43米，是世界第一高峰，你没听见吗?"

小明辩解说："听是听到了。可是前两天学了一首歌，有那么一句歌词：二呀么二郎山，高呀么高万丈。我一计算，1万丈是3万多米，那可比珠穆朗玛峰高多了。"

1. 难以启齿的性教育

随着家庭生活水平的不断提高，孩子的身体状况发育良好，导致性发育提前。据最新资料显示，我国青少年平均性成熟年龄为12岁左右。性发育的提前，使孩子“过早”地产生了对性的好奇。但他们的性知识毕竟有限，而由于受传统观念的影响，学校和家庭都不敢理直气壮地对孩子进行性教育，更加深了孩子对性的好奇。为了获取性知识，有的孩子便看起了黄色书籍、浏览黄色网页等等，这又歪曲了性的本性，引发了许多社会问题。所以，对孩子进行科学的性教育势在必行。

父母是孩子最亲近的人，负有对孩子教育和保护的责任。对孩子进行科学的性教育理应是父母不可推卸的责任。然而在现实生活中，父母总觉得难以启齿，对孩子进行性教育或不愿开口或开不了口，有的寄希望于学校或寄希望于孩子长大自然会明白，有的父母对此遮遮掩掩或避而不答，这只会使孩子去想方设法了解，这些都是不妥当的。

一个读初三的男生小志，学习成绩很棒。但是近段时间以来，老师发现：小志上课不敢抬头，仿佛总是心事重重的样子。老师便找到他，问其中的原因，他说没什么。老师无奈，打电话给他爸爸。他爸爸也说最近孩子不对劲，父母还以为他是由于学习压力重，也没过多问他。老师告诉爸爸问题也许不那么简单，让爸爸跟孩子谈谈，找出原因，解决问题。爸爸与小志谈了许久，才弄清了问题的症结所在。原来，最近小志的下身不知怎么搞的，出现了破皮，然后又感染，小志以为自己是患

上了性病，心里羞愧难当，又不敢向任何人说，怕被笑话。后来爸爸把孩子带到医院，医生责怪爸爸为啥不早把孩子带来，原本普通的感染发炎现在也得花很长时间才能治愈。爸爸幡然醒悟：要是让孩子了解一些性方面的科学知识，就不会出现这种情况了，既影响了孩子的学习和生活，又伤害了孩子的身体。可是平时小志一问起性方面的问题时，爸爸妈妈总是说："小孩子家，问那么多干吗？认真学习去！"

可见，孩子对性知识的模糊认识，影响到孩子的学习、生活，影响到孩子的肉体和精神。然而，父母总爱把这方面的问题看得神秘而严肃，传统观念在父母脑子里根深蒂固。

对孩子进行性教育的主动权掌握在父母手中，父母的知识水平和思维方式决定了教育的效果。只有父母更新了观念才能教育好孩子。父母对孩子提出的性问题，不必遮遮掩掩，惊慌失措，不妨轻松自如地回答。性就像吃饭穿衣一样正常，也无须神神秘秘，不妨给孩子看些科学的性知识方面书籍、音像制品等，父母也不妨一起学习，给予孩子必要的引导。

父母对孩子进行性教育，首先必须转变观念。

其次，对孩子进行性教育，父母要顺其自然，正确引导。

在对孩子的性教育上，既不能超前，也不可滞后。应慢慢给予启发，让孩子自己认识，一切顺其自然，同时要加以正确引导。不要压抑孩子对性的好奇心理，更不要用欺骗手法应付孩子对性的思考。比如：在孩子问到"我是从哪来的"这一问题时，许多妈妈不是答捡来的就是从妈妈腋下冒出来的，而孩子再问"从哪里捡来的"或"腋下怎能冒出人来"就一时语塞。有位妈妈是这样回答孩子"我是从哪来的"这一问题的："你是从妈妈肚子里来的呀！"多么简单！孩子再问："那爸爸肚子里会不会有孩子？"妈妈答："爸爸是男人，肚子里不会有孩子的。"同样是简洁的回答。如果接下来孩子还问，可视孩子年龄特点及可接受程度，适当介绍一些有关的生理知识。所以，在对待孩子的性问题时，父母要有平静、坦诚、自然的态度，顺其自然，无须神神秘秘，给孩子造成心理压力。

最后，对孩子进行性教育应分清层次，讲究方式。

性教育分为科学和伦理两个层次。对孩子进行性教育，既要客观科学地告诉孩子关于性方面的科学知识，包括认识自己的身体、性安全等问题都不妨轻松、幽默地说出来，又要告诉孩子性不是任何人在任何场合都可以随便谈及的，要教育孩子养成良好的性道德，慎重对待性，珍惜自己的身体，保护自己，爱护和尊重他人，恰当处理人际关系。同时还要教会孩子什么是爱，如何去爱，如何做人。在对孩子进行性教育的同时，要积极引导孩子养成健康、积极、向上的生活习惯和生活目标。只有寓性道德教育于性知识教育之中，只有有了科学的性知识，孩子才能更好地用性道德准则来约束自己，才能预防孩子的性暴力和性犯罪，保护孩子健康成长。

总之，父母对孩子进行科学的性教育是必需的。让孩子接受性教育是孩子身心健康发展的需要，100 分父母没必要把性的话题弄得严肃而又神秘！

专家建议

对孩子进行科学的性教育，父母有不可推卸的责任。

(1) 父母要转变观念，把性教育看成是教孩子吃饭穿衣一样正常，没必要难以启齿。

(2) 父母要学习关于性的科学知识，当孩子的老师。

(3) 父母给孩子传授性知识要顺其自然，不超前也不滞后，同时要正确引导。

(4) 父母不仅要传授给孩子性科学知识，还要教育孩子讲究性道德，如何防范性侵害和性骚扰。

(5) 父母要注意培养孩子强烈的学习意识和事业心，不断充实和丰富孩子的生活，允许和鼓励孩子正常与异性交往。

2. 早恋是一枚酸涩的青果

随着年龄的增长，孩子的第二性征日益明显并逐渐发育成熟，身体的变化带来了心理的变化，他们更愿意走出家庭，渴求与异性伙伴的交往。在性激素的作用下，青春期的孩子极易产生对异性的向往与爱慕之情。在信息大爆炸的时代，在言情书、情爱影视剧等的影响下，少男少女之间极易由向往、爱慕上升为互相爱恋，这就是通常所说的早恋。但到底何谓早恋，还没有一个明确的判断标准。目前，社会上大多把正在接受基础教育阶段学习的孩子谈恋爱称之为早恋。

既称之为早恋，也就说明这种恋情并非正常。首先是因为孩子太年轻，知识、阅历都很有限，心理也还不成熟，缺乏适应社会和组建家庭的能力，只是凭一时的冲动，对情与爱也没有稳定的观念，所以早恋是不稳定、不成熟、未定型的情感。另外，青少年时期是学习的黄金时期，一旦坠入“爱河”而不能自拔，不仅荒废学业，而且也影响身体健康。因此，许多人称青春期是危险期，是有一定道理的。

早恋是一枚酸涩的青果，对孩子的成长是有害的，很多父母对此万分敏感，而对异性交往一概给予否定、压制、打击的态度是不对的。对于孩子的早恋，父母要严肃对待，正确处理。

首先，要区分开正常的异性交往与早恋。

随着性的发展与成熟，孩子必然会进入异性交往的领域，这是很正常的现象。异性交往中，女孩子的语言表达、音乐舞蹈、热情体贴、善解人意等优势令男孩叹服；男孩的数学逻辑、体育运动、社会经验、勇敢、大度、负责任等优势吸引着女孩。所以，异性交往具有优势互补的功能。正常的异性交往对成长中的男孩、女孩都是有益的。对此，家长千万不能大惊小怪，不能武断地扣上“早恋”的帽子。

孩子早恋是会有端倪可察的。在异性交往中，如果孩子长期固定于一个异性伙伴，并且总是躲躲藏藏的，那么，父母就要注意做到及时发现，适时地给予孩子正确的引导。

其次，父母要正视孩子的早恋问题，树立正确的观念，既不能认为早恋是邪恶的事，也不能认为早恋是完全正常的。

早恋是孩子生理成熟的产物，是到一定年龄后心理发生的自然变化，不能把早恋与品质恶劣、思想落后划上等号。但是，对孩子早恋也不能放任自流。孩子的世界观、人生观等都还不稳定，心理的不成熟导致其易冲动，不善控制自己，难免会做出违背性道德的事，同时早恋影响学习，影响身心健康。因此，父母既不能把早恋当作洪水猛兽，也不能认为绝对合理。

再次，对孩子的早恋要采取正确的方式，合理疏导。

探究早恋原因，很大一部分是由于在家庭中缺少了关爱，因而把目光转移到其他异性，把其他异性当作倾诉的对象。所以，对待孩子早恋，决不能采取粗暴的压制、打击、惩罚的方法，应当尊重孩子、循循善诱、引导孩子跳出早恋泥潭，使之转变为正常的异性交往。要给予孩子更多的关爱和理解，使孩子用理智战胜情感，珍惜学习的大好时光。

最后，父母应从“防”上着手。

孩子的早恋可以说是家庭问题，但也是学校和社会问题，因此家庭、学校和社会三方面都有责任。就父母来说，应该从“防”上着手。为预防孩子早恋，一方面，对孩子进行必要的性科学和性道德知识教育是应该的，也是必须的。另一方面，父母要不断丰富和充实孩子的家庭生活，多倾听孩子的意见，了解孩子的心理变化，及时将孩子引导到学习方面来。

书红是一名初二女生，学习用功，人缘又好，担任班上的学习委员。可最近以来，一向乐观开朗的她却变得沉默寡言了。原来，这几天，她课桌里总是不断出现一些令她脸红心跳的情书。有其他班同学的，也有本班的，怎么办呢？她苦恼不已。她不敢告诉老师，也不敢告诉父母。

一天放学回家，妈妈感觉她不对劲，以为她病了，仔细一问，才明白是怎么回事。

“你应该回信拒绝他们，说你要学习，同时也让他们好好学习，这不就两全其美了吗？”妈妈在为她出主意。

“但其他班的同学，我连他们是什么模样都不知道，怎么回信？”

“照样可以的，他们给你写信，肯定希望你能回信。你把信从邮局寄出去不就得了。”

“可是……”书红又开始羞涩起来。

妈妈不知她要说什么，便鼓励道：“接着说呀，把妈当作你的一个知心朋友。”

“我的同桌天笑……”

凭经验，妈妈感觉到她对天笑挺有好感，便轻轻地说道：“也一样拒绝呀！”

“那他以后不理我怎么办？”

“只要你还像往常一样，把他当作好朋友，他总不至于把你当敌人吧？”

书红似懂非懂地点了点头。

之后，妈妈便有意识地教给书红一些青春期常识，重点给她讲些许多励志类的故事，感觉女儿好像轻松了许多。其实，书红心里更清楚，自己现在年纪太小，谈情说爱还为时过早，目前重点是搞好学习。自从给那些男孩回信拒绝之后，他们再也没有写信来。她一心投入到学习中去，感觉很充实，也不再胡思乱想。至于她的同桌天笑，仍是她的好朋友，在学习上，他们是激烈的竞争对手。

早恋虽然不是洪水猛兽，但对于青春期的孩子来说，早恋是一枚酸涩的青果，不能过早地品尝；早恋是青春的高压线，一碰上而不能远离，则可能会有难以估量的伤害。孩子在青春期迷茫的路上，要多请教父母师长，不要羞于开口；平时有时间不妨多阅读一些青春期常识之类的书籍；要树立远大的理想，珍惜大好时光，把主要精力投入到学习中去；还要不断丰富自己的课余生活，培养自己多方面的兴趣等。

专家建议

早恋是一个敏感的话题，处理不当，会严重影响孩子的学习和生活，伤害孩子的自尊，还可能会造成孩子一生的伤害。

（1）父母不应把正常的异性交往扣上早恋的帽子。

（2）对孩子的早恋，父母不能操之过急，采用粗暴方式对待孩子。

（3）父母应把早恋的孩子引导到正常的同学交往上来。

（4）为预防早恋，父母要根据孩子身心发展特点，充实孩子的生活，培养孩子多方面的兴趣。

（5）孩子还要学习一些青春期常识，摆脱青春烦恼。孩子要自觉、主动与父母进行交流，有疑问多向父母师长请教。

3. 给“网热”降温

由于电脑的应用与普及，网络作为一种新兴的大众媒体，以其灵活快速、信息量大等优点得到了越来越多的人喜爱和推崇，它在丰富人的生活、造福于人类方面已日益显示出强大的生命力。然而，有利也有弊，网络也不是十全十美的。沉迷于上网，对人的眼睛、手、大脑、精神等都有一定的负面影响，严重者还可能导致精神失常，威胁生命。

据最新统计资料显示，我国近九千万网民中，18 周岁以下的未成年孩子占了 20%，而其中 63% 的孩子在网上从事的是与学习无关的事。这些孩子中每天都上网的占 84%，每天上网 4 小时以上的占 12%，昼夜连续上网 20 小时以上的占 7%，而且这些数据还呈上升趋势。孩子上网成瘾，已经成了很多家庭的困扰，同时也引发了一系列的社会问题。

另一份统计资料显示，最易上网成瘾的孩子的年龄集中于13～14岁，也就是处于青春叛逆期的孩子。探究孩子们热衷于上网的原因，一方面是孩子们的“喜新”天性使然；另一方面是网络满足了孩子们减压、沟通和成就感的需要，而这一点恰恰是孩子上网成瘾的重要原因。也就是说，在家庭、学校的应试教育压力下，孩子的成就感无法满足，在现实世界里孩子孤独、寂寞，因而孩子们喜欢在网上游戏、聊天。一旦孩子上网成瘾，将会严重影响孩子的身心健康，家长不能掉以轻心。

面对“网热”给孩子带来的负面影响，父母既不能视之为洪水猛兽，横加堵截；也不能听之任之，疏于管理。正确的做法应该进行正面教育，耐心疏导，让孩子趋利避害，科学合理地上网。

潇潇14岁，正读初中三年级，近来迷上了上网，并开始了网恋。每天都要泡网吧，有时饭都忘了吃饭。父母发现了，万分焦急。首先他们采取了经济制裁措施，对潇潇不打也不骂，只是不给他零花钱，只给他早餐费。谁知潇潇一个月下来，只吃半个月早餐，剩下的钱还是送给了网吧。爸爸妈妈很无奈，打骂吧，可能会使孩子逆反，一旦孩子逆反，则只会导致恶性循环。

这天晚上，潇潇一个人呆在自己的房间里，爸爸妈妈也到了自己的卧室里。他们先是小声嘀咕，后来声音越来越大。潇潇听到父母好像在为某事争吵，便注意听了起来。

“你疯了吗？你这不是故意把潇潇送进火坑吗？”是妈妈的

声音。

“咱买回电脑，让潇潇在家上网，家里比网吧里环境要好，对孩子身体健康是有利的。”爸爸答道。

“你难道真疯了？咱们单位王娜家孩子，就是因为天天上网，眼睛近视了不说，今年中考，本来那孩子能考取重点高中的，却连普通高中都没考上。而且这孩子都快成废人了，整天精神失常，只有提上网他才兴奋。”

“你放心，咱家潇潇是能控制自己的，以前他一直很听话。”爸爸故作轻松地说。

“你不知道，孩子上网就像吸毒一样，上瘾就很难戒掉。咱把这钱留给潇潇读高中，该有多好！”妈妈还是放心不下。

“咱就把这当作是给潇潇的考验吧。孩子这样下去也不是办法，早餐不吃，省钱去上网。如果家里添台电脑，让他在家里上网，我俩也好督促引导呀。”爸爸有些沉重地说道。

“看来只好如此了。”妈妈答应着。

潇潇听到这里，再也忍不住了，他以前认为爸爸妈妈只关心他的学习，从不爱他。现在一想，爸爸妈妈还是爱他的。于是跑过去，对爸妈说：“爸、妈，把那买电脑的钱省下来吧，我要读高中。”

“瞧，咱潇潇是能管住自己的，对不对?”爸爸笑着对妈妈说。

“潇潇，电脑咱还是要买的，只要你能合理使用，不上网成瘾，我们才放心呀！”妈妈说。

“我和你妈也需要学电脑，咱有电脑了之后，你就教我们，好吗？何况上网能查到好多资料，也能开阔视野。只是要看你怎么使用罢了。”爸爸说。

买了电脑之后，爸爸又安装了宽带，现在潇潇不去网吧就可以上网了，不过他还有一个任务：就是要教爸妈学电脑。爸爸妈妈买了不少学习电脑的书籍，潇潇一有空就钻研。现在他才知道，网络世界里不仅仅是游戏和聊天，还有他学习不完的知识。他终于明白，在虚拟世界里聊天、网恋、游戏太浪费时间了，他要把这时间花到学习上去。在家里他是电脑老师，在同学中他也是有名的电脑高手。在本市举行的青少年程序设计大赛中，他还获了个三等奖呢。现在他们一家三口经常在一起学习电脑与网络知识，有空的时候，还一起去网上游戏呢。

潇潇能及时从迷恋网络游戏、聊天中走出来，幸亏了父母的那番对话，让他体会到了父母对他的关爱。同时父母的引导与鞭策，使他转移了兴趣方向，把他培养成了电脑高手。可见，给孩子们的“网热”降温，不在于一定要限制孩子上网，只要父母给予合理引导，还可能会成就一位电脑人才呢！

首先，父母要改变家庭教育方式，加强与孩子沟通，成为孩子在现实世界的交流对象。

父母对孩子寄予过高的期望，从而压迫孩子努力学习，取得好成绩，是孩子热衷上网的一个重要原因。在现实中，父母虽然爱孩子，可是却不能让孩子体会到爱。父母希望孩子能早日成才，层层加码，要求孩子不断攻克难关。孩子只有压力，没能找到成就感，于是他们想到逃避，到网络世界里去寻找温暖、满足。所以，父母应该多与孩子进行沟通，通过心与心的交流，让孩子体会父母的关爱；父母应改变家庭教育方式，做孩子的朋友，让孩子在现实世界中有平等交流的对象。

其次，父母要积极去发现和培养孩子的兴趣，引导孩子转

移注意力。

每个孩子都有闪光点，只要父母能仔细观察，多与孩子沟通，就一定能够发现。父母发现了孩子的闪光点、兴趣点，要给予积极的鼓励，引导孩子向良好的兴趣方向发展，转移注意力，占据孩子的上网时间。

最后，父母要支持、引导孩子上网，让网络成为孩子的学习工具，养成良好的上网习惯。

网络作为现代化的学习工具，理应为孩子所掌握。对孩子上网，不能一概否定，要加以引导，提高孩子对网络的认识，保持正常而规律的生活，上网要有明确的目的，要注意控制上网时间，对网上信息要警惕，让网络成为孩子学习的助手和工具。

给“网热”降温，关键还是孩子自己要有清醒的头脑，时刻警惕，网上游戏要注意节制，聊天必须慎重，要明白网络世界里的东西不一定都是真的。青少年时期是增长知识，增长才干的黄金时期，不应该让网络束缚了自己挑战现实世界的能力和勇气。100分孩子，网络是自己学习的工具，关键是自己能够控制住自己，自己能够战胜自己！

专家建议

上网成瘾对孩子身心健康极为不利，父母要注意合理引导，孩子要控制好自己。

(1) 父母平时要多与孩子沟通，改变家庭教育方式，让孩子体会到关爱和尊重。

(2) 父母对待孩子上网的态度应该疏而不是堵，多进行正

面教育。

(3) 父母要把网络的利弊分析给孩子听，提高孩子运用网络的能力。

(4) 孩子要处理好正常的学习、生活与上网的关系，控制好自己。

(5) 孩子要认识到网络只是学习工具，不可过分依赖于网络。

4. 珍爱生命

一个生命，从孕育到成长，带给父母的是无尽的欢乐和幸福，也寄托着父母殷切的企盼。生命是个体的，没有重复，正因为它的惟一和独特，而显得无价。生命是美丽的，但也很脆弱，所以必须认真呵护。生命诞生后，成长便成了一种义务，完善自己，也为了身边人的快乐，珍爱生命，是时代向孩子发出的呐喊。

王海家境不好，父亲下岗后摆地摊，母亲月工资不过400元，还常常发不下来。但王海一直都是父母的骄傲，小学升初中，他的成绩是全区第二，父母心中早就琢摸着：一定要让孩子考上重点大学，这样他们家才有出人头地的日子。进入初中，他的成绩一路领先，让同学们羡慕不已，他的身边总是围着男男女女一大群同学。变化是从初二下学期开始的，那时班上有一名女生对王海很好，还经常约他去家里做功课。于是，一来二往，王海喜欢上了这名女生，而他的成绩大幅度下降。这引起了老师和父母的高度警惕。明白原因后，父母和老师好说歹

说，终于使他与那名女生断绝了来往。但王海心中一直无法抹去这个女孩的影子，成绩一跌再跌。中考时，他没能考上重点高中。父母的决心并没因此改变，于是东挪西借，凑了几万块钱，又到处请人说情，帮忙把他送进了重点高中。

王海此时终于明白，没成绩连“学费”都要比其他同学高。因此暗下决心，进入高中后要努力学习，好好地为父母争气。开学第一周的班会课，班主任特别找了王海等6名“高价生”：“你们几个怎么进来的，心里都应该清楚。现在你们必须好好学习，遵守纪律。不然，我们班是容不下你们的！”之后，王海更加坚定了决心：我就是拼了命也要考出好成绩。

第一学期期末，王海是班级的第20名，多少给了父母一些安慰。但王海并不满足，他比以前更加努力，他要学得更好。由于学习刻苦，没有注意用眼卫生，他近视了，而且度数越来越深，大概由于过度疲劳，第二学期期中考试，成绩不见多大起色，但终究没有倒退。父母也没责骂他，只是轻描淡写地说了句：“只要你知道争气就行了！”王海却有些信心不足了，自己这么辛苦，成绩还是这个样子。但他依旧努力着，几乎没有一个晚上在12点前睡觉。严重疲劳使得他身心憔悴，上课两耳嗡嗡作响，期末考试，他的成绩退到了倒数第10名，他伤心得哭了。回到家，向父母老实交待了自己的倒退，父母明白他努力了，并没有怪他，只是一家人抱着头痛哭起来。看到父母痛哭的样子，王海心碎了，自己没日没夜地辛苦学习，换回的是这样的成绩，愧对了自己的父母，还不如死了算了。那天晚上，他借故要去同学家借参考书，卧倒在铁轨上，一个生命就这样结束了……

王海的生命是得到了解脱，从此可以不必为成绩担忧了，

但是他的父母却要承受着更重的打击。出事后，王海的妈妈因过度悲伤，精神失常，工作也无法做了。他爸爸痛苦地说："早知这样，我真不该让孩子读书。"其实，并不是读书害了王海，而是父母没有及时发现问题与他沟通，以致王海轻视了自己的生命，他没有意识到生命比成绩更重要。

在现实中，有许多对生命失去信心的孩子，他们付出的是永远无法弥补的代价。生命的的存在，不仅仅是为了完善自己，同时也是为了让别人活得更好！100 分孩子，珍爱生命，就不要苛求生命！没有生命，一切都不会再有；拥有生命，一切都可能会重新开始……

珍爱生命，既要珍爱自己的生命，同时也要珍爱他人的生命。然而，在校园这座象牙塔内，却时有暴力事件发生。黄色文化、赌博、毒品等严重影响青少年健康成长的毒瘤也侵蚀着孩子幼小的心灵，甚至毁掉了许多年轻的生命，令人十分惋惜。生命是宝贵的，每一个花季的孩子都要勇敢地站起来，反对校园暴力，抵制各种不良影响，珍爱自己的生命，也珍爱他人的生命。

珍爱生命，同时也向父母敲响了警钟：我们除了呼吁社会、学校给孩子健康成长的环境外，自己也要努力做 100 分父母，改变教育方式，尊重孩子，优化孩子成长的家庭环境……

专家建议

每一个生命的诞生和成长都很不容易，其间凝聚着多少心血和汗水！然而生命有时却万分脆弱，它昭示父母和孩子：珍爱生命，才能拥有生命厚重的意义！

(1) 父母要对孩子进行必要的生命教育，使孩子懂得生命的重要性。

(2) 宽容、平等地对待孩子，不要过分苛求孩子，给予孩子更多的理解和关爱。尊重孩子，尊重孩子的选择，尊重孩子的人格。

(3) 孩子要保持乐观的心态微笑着面对生活。

(4) 孩子要自觉抵制不良影响，黄色文化、赌博、毒品千万别碰。一旦接触了，要及时远离，同时要懂得运用法律保护自己。

(5) 培养自己多方面的兴趣和爱好，不断发现自己的优点，不过分苛求自己。

5. 远离黄色诱惑

在当今信息社会里，书籍、报刊、影视以及网络等各种媒体向人们传播着大量的信息。形形色色的信息使人们的生活更加丰富多彩。信息作为一种重要工具，人们的生活须臾不可缺少。正在成长中的孩子，最少保守思想、朝气蓬勃、敢冲敢闯，这些形形色色的信息在刺激着他们感官的同时，也改变了他们的生活。孩子在主动或被动地接受来自外界各方面的影响并能率先垂范，因而他们中涌现了不少佼佼者，实现了自己的社会价值也实现了个人价值。但是，信息中有香花也有毒草，黄色文化就是一种毒草，它毒害着每个人的心灵。特别对进入青春期的孩子，黄色文化的诱惑和毒害更大。

一般来说，女孩在10～13岁，男孩在11～15岁便会进入

性朦胧期，内心有了对性的朦胧渴望。又由于性生理的变化，他们有了两性意识，产生了对性知识的强烈需求，他们渴望了解自己，了解异性。然而，受传统观念的影响，在我们的学校教育和家庭教育中，性教育是很贫乏的，对性知识的介绍更不敢堂而皇之。孩子却急于想要了解这些知识，于是，黄色文化闯进了孩子们的视线，并一下子吸引了孩子们的注意力。

目前，黄色信息主要是通过如下几种形式来毒害孩子心灵的：

（1）色情图书

色情图书主要有色情小说和色情漫画。据悉，一种巴掌大的一厘米厚的口袋装言情小说是一些中小学生获取黄色信息的重要途径。这些书大多印刷精美，但内容却粗制滥造，单调重复的情节中穿插着许多详细的性描写片断，吸引了大量孩子竞相借阅或购买。每本售价 4 到 5 元不等，出租费每日 0.5 元或 1 元。由于利润大，这些书屡禁不止。由于受到这些书的影响，有的孩子发展到看黄片，渐渐树立了不健康的爱情观和人生观，有的孩子竟因此而走上了违法犯罪的道路，其危害不可低估。

另外，一些非法出版商瞄准了孩子们的好奇心理，出版一些准“色情出版物”大赚昧心钱。比如有一本名为《××美少女》的卡通漫画书，封面上赫然印着一位蹲着的半裸红衣美少女，每一页都印着一位或蹲或卧的美少女，几乎都是衣不蔽体，半隐半现地裸露出身体的某些部位。再加上书中一些文字更是撩人，对孩子们的心灵毒害是可想而知的。

（2）性病广告

目前，在许多城镇的大街小巷，非法性病广告漫天飞舞，

内容越写越黄，也成了一些中小学生获取黄色文化的免费来源。这些几近黄色小报的性病广告引起了无知孩子的兴趣，他们不仅自己看，还竞相传阅，评头论足，令人十分担忧。

（3）黄色影视音像制品

许多影视作品中都出现过若隐若现的性描写镜头，让大人们防不胜防。更有一些不法经销商无视对孩子的负面影响，将黄色光碟卖给青少年，还有些父母也爱看这类低级光碟，购买了放在家里，孩子如获至宝，这些光碟有的甚至只有性描写镜头，孩子从看到想，开始情不自禁，甚至出现品行偏差，走上性犯罪的道路。

（4）色情网络

网络作为信息时代的标志性的工具，在给人们生活带来极大便利的同时，也成了一些不法分子传播色情的重要工具。英国的哈罗德·蒂姆莱贝教授调查发现，因特网上非学术信息中有47%与色情有关，英国的儿童保护组织在因特网上找出的儿童色情页面竟多达4 300余个。色情淫秽信息在互联网上十分猖獗，而且无孔不入、无处不在，也侵入了孩子的生活。由于孩子的自控能力较差，很容易成为色情网络的俘虏。

还有一些黄色游戏软件，在顺利进入程序后，鼠标一点，便会出现脱衣、下流动作，也是某些不法商瞅准了孩子好奇心理而谋取的生财之道，其毒害作用自然不小。

青少年孩子正处在长身体、学知识的重要时期，自我保护能力不强，自制力也不够高，面对黄色诱惑，极容易迷失方向，甚至使他们道德品质败坏，走上违法犯罪道路。因而需要社会各方面的协同努力，齐抓共管，还孩子一片明净的天空，给孩子以高雅的文化，让孩子在美中欣赏、熏陶，远离黄色诱惑。特别是孩子的父母，更要在“防”字上做好文章。在家庭里营造良好的文化氛围，给予孩子多方面的关爱，为孩子拨开这青春的迷雾，让孩子走上良好的自我发展道路。要经常与孩子进行有效沟通，了解孩子的思想动态，客观地对待孩子的偏差行为，并及时帮助孩子纠正，及时把孩子从迷途上拉回来。

张健的爸妈都在外地工作，他从小就与爷爷奶奶在一块生活。小学五年级时，他开始对女性身体有一种说不出的好奇。同龄的伙伴们经常偷偷躲在学校后的密林里各抒己见，交流各自对异性的看法，但大家对此都一知半解，甚至认为女人除了比男人胸部高之外，其余都差不多。一次，张健问爷爷，女孩的下边是不是也和自己一样长了个小鸡鸡时，爷爷一脸不快，训了他一顿，令他十分费解。进入中学时，朦朦胧胧的他对异性有了些微的认识，但仍然十分好奇。生理课上，老师讲到“关键”部分总是打住，让他们自己看书。怀着好奇心理，张健做贼似的把生理课本揣进了书包，晚上偷偷摸摸地仔细翻阅，那晚他平生第一次梦遗了，却不知自己身体发生了什么变化，只知道内裤湿漉漉的，被子上赫然印上了一幅“地图”。这之后，他开始关注自己的身体，更注意女性的身体。

一次偶然机会，他在离家不远的一家碟屋买到了一张三级片。趁爷爷奶奶不在，调小音量，拉上窗帘，锁上房门，一边看，一边还半闭着眼睛设想自己与异性亲热的场面。从那天开始，他手淫了，对黄碟更加感兴趣了。

一个星期天上午，爷爷奶奶要去商场为张健买衣服，为了看黄碟，张健没有同去。爷爷奶奶刚走，他就去买了张新片，又像以前一样偷偷“欣赏”起来。正当他飘飘欲仙时，爷爷突然出现了，愤怒地将VCD砸了个稀巴烂，并狠狠地打了张健一巴掌，而且要求张健写保证书，保证以后不许再发生类似的事情，并且期末考试必须考全班第一名。这之后很长一段时间里，张健不敢看黄碟了，一门心思地认真学习起来，期末考试真的考了个第一名，把爷爷奶奶乐坏了，春节时给了他500元的压岁钱作为对他刻苦学习的奖励。这时他认识到，只要自己学习好，爷爷奶奶就会一叶障目不见泰山，所以他的老毛病又犯了，于是他开始接触网络，在缤纷多姿的网络世界里，他把鼠标轻轻一点，便能看到各种各样赤裸女人搔首弄姿，还可以看到一些激情小电影……

两个月后一天，微机课结束，其他同学都走了，只有他和同班一个女同学还在那忙活。张健因为负责微机室锁门，所以在旁边耐心地等待。那位女同学因为输入了一个程序调不出来，便请他帮忙。他走过去，坐在女同学旁边，看到她脖子下面露出了白嫩的前胸，不禁浮想联翩，竟动起了手……

事情可想而知，糟糕透顶。学校考虑到他平时表现和学习成绩都不错，给他留校察看的处分。从此，他在学校被同学称为“色狼”，抬不起头来。

这时幸亏爸爸及时从外地赶了回来，才挽回了张健的一生。那天，爸爸带他去了趟清华大学，因为曾是清华学子，爸爸滔滔不绝地介绍起了清华园，也介绍了自己是如何才考入清华大学的。原来，小时候的爸爸十分顽劣，疏于学习，到处闯祸，爷爷恨铁不成钢，动不动就打他，他只得用心读书，后来总算考上了清华大学。爸爸还说：“每当被打得鼻青脸肿时，有些恨爷爷，觉得他不该动手打人。从那时候起，我就在心里发誓将来自己当了父亲，绝不动手打孩子，哪怕他成不了才，哪怕他犯了错误！不过，现在想想，我能考上清华，最应该感谢的还是爷爷。”

听完爸爸的一席话，他禁不住哭了起来，向爸爸坦诚地哭诉了自己的错误，并发誓一定要考取清华大学。爸爸没有骂他，更没有打他，只是鼓励他认识了错误，还要积极改正错误。

后来，张健彻底改变了自己。初中毕业考入了理想的高中，高中毕业后又以绝对优势考入了清华大学。

有一位哲人说：“要除去草地上的杂草，最好的办法就是种上庄稼；要远离低级趣味的诱惑，就要在心底种上高雅文化。”从张健的故事中我们不难看出，父母在着重“防”的基础上，要纠正孩子的这类偏差行为，主要还是要让孩子树立崇高远大的理想，让孩子朝着自己的理想努力，才不致于迷失青春的方向。

远离黄色诱惑，最重要的是孩子需要不断增强自我控制能力，洁身自爱，以崇高战胜邪恶，让高雅驱散低级，让美好常驻心中。

专家建议

黄色文化是社会的毒瘤。黄色文化的泛滥损害了社会主义精神文明建设，毒害着人们的心灵。成长中的孩子正处于好奇心强、求知欲旺的年龄阶段，他们对异性一知半解，却又充满好奇，他们渴望独立，却又需要寄托自己的情感，一旦黄色文化侵蚀他们的心灵，其恶果不言自明。因此，父母要注意防止

与纠正结合，让孩子远离黄色诱惑。

（1）营造家庭高雅的文化氛围，丰富孩子的课余生活，让孩子远离黄色诱惑，增强对黄色文化的抵抗能力。

（2）帮孩子树立崇高远大理想，让孩子从实际出发，脚踏实地，朝自己的理想前进。

（3）科学地向孩子介绍青春与性的有关知识。

（4）经常与孩子进行有效沟通，了解孩子的性心理，并适时给予指导。

（5）对于孩子出现的这类偏差行为，要及时予以纠正。当孩子看了黄色影视图书或访问了黄色网页，要指出黄色文化的危害，并帮孩子早日走出泥潭。当孩子做出了一些品行不端的行为时，不要过分激动，要耐心教育，让孩子明白错误，并自觉改正。

6. 父母的教育标准应该一致

人们常说："父母是孩子的第一任老师。"教育孩子，是父亲和母亲的共同责任。孩子在接受学校教育时，会遇上不少老师，各位老师会有各自不同的教育理念，体现在教育方法上各有千秋，让孩子领悟到不同的为人处世之道，从而丰富孩子的思想。无疑，好老师对孩子的人生将会起到重要作用。由于不同的老师担任的是不同科目的教学任务，不同的教育方法是理所当然的。然而，在家庭教育中，父亲与母亲的教育如果出现了不一致，则会出现什么结果呢？

快吃饭了，为为却吵着要吃零食。妈妈坚决不允，声称快

吃饭了，还吃零食，零食既吃不饱，又欠营养。由于妈妈不答应，为为哭着去求爸爸给他零食吃，说肚子很饿了。爸爸心疼了，拿出为为最爱吃的巧克力饼干。为为高兴地吃了起来，一边吃一边对爸爸说："爸爸真好！"妈妈看见了，制止他，要他别吃，待一会儿吃饭。为为理直气壮，振振有词地说："我饿了！是爸爸给的，爸爸说吃点零食没关系。"妈妈生气了，一把夺下饼干，说："待会儿吃饭吧！"为为却不依不饶，硬要从妈妈手里夺下饼干，还大声哭着嚷着。这时，爸爸过来了，劝妈妈道："算了，给他吃吧，孩子饿了。"为为也附和了起来，而且还口口声声指责妈妈的不是。妈妈更加气愤了，偏不给他吃。爸爸还是坚持自己的观点，要妈妈把饼干还给为为。为为也见风使舵，竟骂起妈妈来，说她太抠门，种种不好的帽子全给妈妈戴上了。妈妈气得不知如何是好，不断地数落爸爸和为为，于是一场家庭纷争上演了。妈妈啰嗦的数落也激怒了爸爸，二人吵了起来……

父母教育不一致不利于家庭的和谐。另外，父母的教育不一致还不利于对孩子进行正确的教育。一方面，父母教育不一致会导致孩子大惑不解，茫无适从，听爸爸的话还是听妈妈的话呢？另一方面，父母教育不一致，可能会让孩子乘机取巧。爸爸和妈妈说的不一样，无论对错，孩子只可能选择最符合自己心理需要的话去听，而对另一方则会产生误解甚至怨恨。孩子可能会利用爸爸妈妈间的不同意见，控制这种场面的主动权，而不接受父母中任何一方的管教，为自己的错误找借口推脱责任。

事实证明，父亲或母亲中任何一方对孩子过于严厉或过于

放纵，对孩子的教育不一致，都会给孩子带来负面作用。

周末的傍晚，妈妈正在厨房里做饭。菁菁刚从外面玩完回来，打算写作业。可外面还有一群孩子在玩，菁菁又动心了，刚拿出的作业本放在桌上，又想往外跑。爸爸看见了，不许她再往外疯跑，要她坐下来写作业。菁菁不听，爸爸打了她一巴掌，她大声地哭了起来，引起了妈妈的注意。妈妈见快要吃饭了，孩子也做不了啥作业，安慰她说："去吧！玩一会儿就回家吃饭啊！"菁菁便夺门而出。

又一次，妈妈正在院子里除草，菁菁慌里慌张地跑了过来，向妈妈喊道："妈，快救我，爸要打我！""为什么呢?"妈妈问道。"爸爸说我作业潦草，马虎了事。""别怕，别怕！妈在这呢，你爸不会把你怎样的。"菁菁放心了，得意地跑到外面玩去了。

这之后，菁菁摸到了父母的不同脾气，只要做错了事，爸爸要管她，她只要往妈妈怀里一躲，保准就会没事。有妈妈做挡箭牌，犯错误了，菁菁也懒得改正，爸爸对她也是无可奈何。仗着妈妈的掩护，本来非常聪明的她身上多出了很多缺点，作业不认真，成绩不好，待人没礼貌，不愿接受批评……

把孩子培育成才是父母的共同心愿，可是因为父母在教育观念或方法上的不一致，有可能使得事倍功半，收不到良好的效果，甚至使孩子的成长与父母的理想背道而驰，这是任何父母都不愿看到的。因而，当父母的教育不一致时，父母双方都需要静下心来，认真地交流一下彼此的不同看法和意见，分析一下孰对孰错，哪一种观点或方法更适合自己的孩子。

诚然，父母子女生活在同一个家庭里，并不要求都要按照同一种方式处理家庭内外的各种关系。父亲和母亲对孩子的教育不一致是正常的，但这并不等于一方可以干预另一方的决定。在对孩子进行教育时，父母意见不一致，一方进行教育，另一方不应该插入其中进行干涉，尤其不应该在孩子面前阻止和提出反对意见。在事后，另一方可以提出自己的反对意见，供对方参考，共同分析对方的教育可能导致的结果。正是基于这点，有人形象地说：父母教育孩子，仿佛同吹一杆笛子，一个吹笛子，一个按眼儿。也就是说，父母在教育孩子时，双方需要配合好，在正确的教育观念指引下，运用正确的教育方法，父母双方配合得越默契，对孩子的教育也就越成功。

值得注意的是，不干涉另一方的教育并不是对此不予理睬，特别是对方出现过激行为，将可能导致严重后果时，决不能听之任之，要及时制止。另外，要更好地帮助孩子分析其中的原因，让孩子明白是不是自己做错了，错在哪里，应该如何改正。这样既能化解孩子对对方的怨怼心理，还可以使孩子明白事理，从而既达到教育孩子的目的，又维护了家庭的温馨与和睦。

专家建议

将孩子培养成才是父母双方的共同心愿，然而，在具体的教育孩子上父亲和母亲可能会出现不一致的观点或方法，这是正常的。但父母要认识到这种不一致可能会导致的后果，因而双方需要不断磨合，探究出适合于自己孩子的正确的教育方法，分辨出哪种教育方法更符合自己孩子身心发展的目标要求。

(1) 夫妻双方对将孩子培养成什么样的人才应该持相同的观点，否则会使孩子茫无适从。

(2) 对孩子的教育方法存在差异是正常的，但不能长期如此。因此，夫妻双方要经常探讨，说出自己的意见，共同分析，并选择更切合自己的孩子的方法。

(3) 一方教育孩子时，另一方不要当孩子的面提出反对意见，这样容易使孩子乘机取巧。

(4) 当孩子受到父母中一方的处罚时，另一方应帮孩子分析原因，指出他的错误，并帮他努力改正。

7. “问题孩子”如何教好

所有父母都希望自己的孩子聪明伶俐、健康活泼。但是，在孩子的成长过程中，常常有许多不可预测的变数。于是，有些孩子不同程度地出现了某些行为上的偏差，让父母们不知如何是好。而这些孩子则被大人们称之为“问题孩子”。

大多数父母都发现，自己的孩子身上总是或多或少地存在着这样那样的问题。怎么办呢？“问题孩子”如何教好是令许多父母十分费解的一个大问题。其实，有些“问题孩子”并不像大人们想像的那么恶劣。所以，要教育好“问题孩子”先要分析一下孩子身上的“问题”。对于那些并不能构成问题的“问题”完全不必大惊小怪，只要积极纠正，耐心教育是很容易转化的。

毕加索从小就很有艺术天赋，但他却不是一个优秀的学生，上课对于他来讲简直就是折磨，听课时他不是漫无边际地幻想，就是看着窗外的大树和鸟儿。而且他似乎永远都学不会枯燥无味的算术。

他无奈地对父亲说："一加一等于二，二加一等于几，我脑子里根本就没去想。不是我不努力，我拼命想集中自己的注意力，可就是办不到。"而且他为此成了同学们捉弄的对象，他们喜欢跑到毕加索的课桌前，逗他玩："毕加索，二加一等于几?"然后看着毕加索呆呆的样子哈哈大笑。就连老师也认为这孩子智力低下，根本没法教，他经常在毕加索父母面前，绘声绘色地描绘毕加索的"痴呆"症状，毕加索的母亲听了又羞又恼，觉得无脸见人。左邻右舍也私下议论说："瞧那呆头呆脑的样，只会画几幅画有什么用。"

当时，几乎所有的人都认为：毕加索是一个傻瓜。面对风言风语的议论和嘲笑，毕加索的父亲仍然坚定不移地相信：儿子虽然读书不行，但是绘画是极有天赋的。他对孩子有真正的理解和赏识。他对儿子说："不会算术并不代表你一无是处，你依然是个绘画天才。"小毕加索看着父亲坚毅的面孔，找回了一些自信。果然，毕加索总是似乎毫不费力就能绘出才华横溢的图画，也渐渐忘记了自己功课方面的"无能"。但是，嘲讽却并没有就此停息，反而愈加猛烈。小毕加索脆弱的心灵蒙上了阴影，他变得不爱说话了，更不爱和小伙伴们一起玩耍。这个时候，父亲每天坚持送儿子去上学，一到教室，父亲便把画笔和用作模特的死鸽放在课桌上。父亲成了儿子强有力的心理依靠，似乎离开了父亲，毕加索根本没有勇气去面对生活。以至每天上学，必须得到父亲会来接他回家的承诺后，毕加索

才会松开父亲那温暖的手。

作为“坏学生”，在学校关禁闭已成了毕加索的家常便饭，禁闭室里只有板凳和空空的墙壁，可是毕加索却很高兴。因为他可以带上一叠纸，在那里自由地绘画。有了父亲的支持，毕加索每天都沉浸在想像的天地里，虽然功课不好，但他却在绘画的天地里找到了快乐。

拥有一颗平常心，不是容忍孩子一错再错的缺点，也不是盲目地溺爱，如果孩子有着几乎与生俱来的弱点，而我们又一味不顾实际情况，恨铁不成钢，以变态、失衡的心对待孩子，这会给孩子心灵造成难以愈合的创伤。

因为全世界都可以嘲笑讥讽他，都可以遗弃他，而作为父母的你却不能，只有你能给他信心和勇气，让他敢于正视自己的弱点，发挥自己的优点，积极健康地对待自己、对待人生。毕加索的父亲在关键时刻拯救了孩子，我们做父母的也应该尽可能地扬孩子所长，避孩子所短，使孩子身心都能得到健康的发展。这就是教育的平常心！

可见，孩子的“问题”并不可怕，可怕的是父母不知道如何关爱孩子，让孩子健康快乐地成长。

近年来，青少年违法犯罪案件呈上升的趋势，而且呈现出犯罪年龄低龄化、手段智能化等特点，出现这种现象可以说有着多方面的原因。社会上不良风气、学校教育的空白以及价值观引导偏差等都容易导致孩子出现“问题”，并使“问题”恶化，同时更由于家庭教育的失误导致家庭熏陶、教育感化功能丧失。这一切向人们敲响了警钟：“问题孩子”虽然并不可怕，但决不可轻视对他们的教育和转化！

有人曾经指出：没有“问题孩子”，只有“问题家长”。的确，孩子的许多“问题”往往都有其家庭原因，“问题孩子”往往是“问题父母”的产物。一般来说，“问题孩子”往往产生于四类家庭之中，即失和家庭、失教家庭、失德家庭和失才家庭。在这些家庭中，孩子所受的教育是可想而知的。在缺乏关爱的环境里成长，孩子做出了一些出格的事也是不足为怪的。那么，为了转化这些“问题孩子”，父母必须清醒过来：用真诚的爱心去唤醒迷途的孩子。悬崖勒马、亡羊补牢，还是能来得及的。

当然，非要等到孩子出现问题再进行矫治，那么所花费的代价将远远高于正确教育的成本。因而对于大多数父母来说，及早进行心理辅导、行为纠偏等矫治教育，防患于未然，这才是正确的教育，才是对孩子真诚的关爱。

教育的主体是孩子，教育的效果如何也是通过孩子的行为体现出来的。“问题孩子”往往容易产生怨天尤人的思想，而忽视自己的主观改造和接受正确的教育，极易在迷茫的路上更迷茫。因而孩子尤其要注意正确对待老师和家长的教育，严于律己，主动自觉地完善自我，让“问题”在自己身上消失。

专家建议

“问题孩子”是令老师和家长都十分头疼的，如何教育好，则更让父母费解。其实，只要父母耐心分析、仔细寻找原因，也许“问题”就会迎刃而解。

(1) 正视孩子身上的“问题”，别把同一个“问题”始终

扣在孩子头上，要相信孩子。

(2) 更多地关爱孩子。“问题孩子”往往更缺乏关爱，需要父母真诚的爱心去唤醒。

(3) 给孩子营造温馨和谐的家庭环境，让爱在家庭每个成员的心间流动。

(4) 改变教育方式，也许是父母过于粗暴或过于放任等方式，没能让孩子体会到父母对孩子真诚的爱。

(5) 加强对孩子的心理辅导，让孩子及早走出心理误区。

8. “好孩子”更需要关爱

在大人们的眼里，“好孩子”通常是指很乖很听话、学习用功、成绩优秀的孩子。这些“好孩子”往往容易被一些荣誉的光环笼罩，因而父母们都认为，“好孩子”不需要父母费心地去教育，不需要师长们过多地操心和关爱。而实际上，这种认识直接导致了父母对孩子的教育踏入了一个误区。“好孩子”马加爵杀人事件的沉痛教训警示人们：“好孩子”更需要教育和关爱!

在现实生活中，“好孩子”是父母师长无限宠爱的对象。因为界定的标准只是听话和学习好，父母往往一叶障目，不见泰山。即使在他们身上存在了某些缺点或错误，父母们也会适应或忽略。长此以往，就埋下了酿成恶果的祸根。在父母长期熏陶下，这些孩子也从内心里认可了这种标准，甘愿压抑自己的情感和欲望，以牺牲自己的个性来维护“好孩子”的荣誉。有各种光环的笼罩与掩护，这些孩子往往任性自私，却又十分脆弱，禁受不起一点挫折。

小冉是北京某重点中学的一名初三女生，15 岁。两天前，由于她在背后议论同班的另一名女生，被老师批评了，并且要求她向那名女生道歉。晚上在家里，爸妈又责怪了几句，她一时想不开，凌晨时割腕自杀，幸好被爸爸及时发现。岂料，爸爸走后，她又从六楼跳下，经医院抢救，虽脱离了生命危险，却造成了终身残疾，永远只能靠轮椅来走路了。

小冉曾连续六年被评为三好学生，并且曾以全校第一名的成绩被保送到市重点中学。在学校，她的成绩一直都名列前茅，是老师和同学眼中的“好学生”，在家里，她从不用父母为她操心，是父母眼中的“好孩子”。然而，正是被罩上了“好学生”、“好孩子”的光环，她承受不了老师的正常批评，听不得父母的一句责问，因而以割腕和跳楼来报复父母和老师。“好孩子”长期以来，经历的都是顺境，所以对逆境极不适应，脆弱得禁受不起一点儿挫折和打击。

其实，“好孩子”的身上也是问题多多。由于他们要听话，要好好学习，往往导致他们不善交往、内心孤独、自闭；因为是“好孩子”，父母往往对他们是饭来张口，衣来伸手，有求必应，一方面使他们任性自私，另一方面又使他们产生强烈的依赖心理，往往高分低能，遇上挫折，总是怨天尤人，不愿承担自己应该承担的责任。

事实证明，“好孩子”身上的“问题”，往往都是大问题，令父母无法预料。所以，“好孩子”更需要父母在日常生活中给予更多的关爱。

在浙江雁荡山风景区附近有一个景色秀丽的小山村，村庄虽不算富裕，但素来民风淳朴，邻里和睦。然而近两个月以来，村里却接二连三发生了一系列怪事：先是一些村民家中的饭菜被下了毒，接着几户人家的房屋又被人莫名其妙地放了火。一时间，村子里人心惶惶、传言四起。

村子里频频发生投毒纵火案，引起了当地公安机关的高度重视，为此，专门成立了专案组。经过一个多月的调查，专案组渐渐把目光集中到了该村一位年仅 12 岁的小女孩王芳的身上。

王芳是一名小学六年级的学生。从外表来看，她长得非常清秀文静，一双漂亮的大眼睛透着机灵。熟悉王芳情况的村民都怀疑警方的判断，因为王芳平时并不调皮，学习成绩也不错，是大家公认的“好孩子”。更何况，她的父母与案件受害者的几户人家关系都挺好，没有任何矛盾和仇怨。经过周密的外围调查后，警方在王芳就读的学校找到了她。面对威严的警察，她一开始显得十分镇静。当办案人员和学校老师一起对她进行了两个多小时的严肃谈话后，她终于承认了自己的全部犯罪事实。

是什么原因促使这位小女孩做下了这一系列严重的刑事犯罪案件呢？原来，王芳家在村里开着一家小杂货店，父亲常年出门在外打工，母亲平日里酷爱打牌搓麻将之类的活动，对王芳很少关爱。而且，母亲外出搓麻将时，照管杂货店的活儿自然就落在王芳头上。看到其他小朋友在外面高高兴兴地玩，自己却要一边做作业一边照看杂货店，王芳内心极为不满。这种不满与日俱增，逐渐变成了一种怨恨，于是，她开始连连对母亲的牌友下手。

任何孩子都需要关爱，即使是“好孩子”。王芳的父母就是因为觉得王芳是个“好孩子”，因而放弃了对她的教育，对她缺少了关爱，从而使她走上了犯罪道路。

那么，父母应如何关爱“好孩子”呢?

首先，要全面地看待孩子，客观地评价孩子。

对于孩子的长处，要加以肯定，保护好孩子的进取心；对于孩子的不足，不能被其“好”的一面遮住，要善于发现，同时要正确对待。要客观、公正、全面地评价孩子，不能迁就姑息其缺点和错误。因此，父母需要多关心孩子的生活，经常与孩子进行沟通，了解孩子的内心需求，重视孩子潜在的某些问题，并做到及早发现，及早处理，给孩子以健康的人格和心理，让孩子成为真正的好孩子。

其次，不要老是让“好孩子”的光环罩着孩子，要让孩子认识到“山外青山楼外楼”，开拓孩子的视野。

对“好孩子”一味夸奖、宠爱，最容易造成其心理障碍，导致其任性自私却又脆弱不堪一击。因为他们有强烈的名利心、优越感，所以往往自以为是、自高自大，需要对他们进行一些挫折教育，让他们认识到“山外有山”，自己还需要不断努力。另外，批评“好孩子”要注意运用正确的方法。善意的批评能给“好孩子”自大的心理降温，消除自我陶醉，增强自我免疫能力。

总之，在某种程度上，“好孩子”更需要关爱。不能因为是“好孩子”而放任。但作为父母一定有学会控制自己的爱：爱得有分寸，罚得有道理，客观地评价孩子，耐心地教育孩子，让自己的孩子成为100分孩子。

专家建议

“好孩子”容易被父母师长们忽视关爱和教育，往往会酿成意料不到的恶果。因此，父母必须重视对“好孩子”的教育，让他们成为真正的好孩子。

(1) 父母要全面、客观地评价孩子。任何孩子都不可能十全十美，对孩子的优点要肯定，鼓励其发扬光大，缺点要指出并帮其纠正。

(2) 不要随意给孩子扣上“好孩子”或“坏孩子”的帽子，避免造成孩子的心理压力。

(3) 经常与孩子沟通，关注孩子的一些潜在问题，比如责任心、习惯等等。

(4) 鼓励孩子多进行体育锻炼和多交友，走出自我封闭的天地。

(5) 教育孩子要拥有一颗平常的心，给孩子一些面对、处理挫折的机会。

9. 父母应慎用“比较”这把尺子

人们常说：有比较才会有鉴别。在买东西时总是要货比三家，比一比价格，更要比一比质量。比较的尺子在生活中随处可用，有比较才能鉴别真伪，有比较才会不断进步。在对孩子的教育过程中，父母善于运用比较的尺子则能给予孩子以良性刺激，促使孩子健康成长、早日成才；但是，如果父母没能运用好这把尺子，给予孩子的只会是劣性刺激，不利于孩子的成

长，比如：父母把自家孩子的缺点与他人孩子的优点相比较，就是一种典型的劣性刺激。

一次，同事的女儿在作文竞赛中得了个大奖，妈妈十分羡慕，心里有种酸酸的感觉。回到家妈妈对小雯说："你看看人家，多有能耐！你不也很喜欢写文章吗？为啥你不能得奖？"

期末考试成绩揭晓，邻居的孩子在班上是第一名，而小雯却是班上的第三名，妈妈心中不平衡了，对小雯说："你看看人家多争气，你也考个第一名让妈妈光彩光彩！"

学校体育运动会，小雯的好朋友小闵拿了短跑和立定跳远两个单项冠军，并打破了短跑项目的学校历史记录，而小雯那几天因身体不好，没能参加任何比赛项目。妈妈内心又不舒服了，指责小雯："你现在身体好了，啊？运动会上怎么就成瘪三了？你也学学小闵，拿一个冠军我也会心满意足！"

小雯再也忍受不了，哭嚷道："你就只知道人家，整天人家人家的，烦不烦人！别人家的妈妈都像你这样吗？人家妈妈还当市长呢！你呢，不也在政府机关工作吗？怎么就不能当个市长?!"

妈妈被噎得一句话也说不出来，好长时间透不过气来。静下心来扪心自问，才意识到自己一直以来的横向比较，给女儿小雯造成了精神压力和感情伤害。

长期以来，许多父母只知道要求孩子这样那样，总是想孩子能够十全十美。因此心里一直认为孩子的优点不说跑不了，缺点不说不得了，希望拿别人的孩子的优点和长处来激发孩子的上进心，谦虚谨慎，"百尺竿头，更进一步"。所以人前人后

很少肯定孩子的优点和长处，倒是经常拿别人的长处来比自己孩子的缺点。殊不知，孩子的心理很稚嫩，很脆弱，他们对于父母这样的负面评价很敏感，这样的比较只会使孩子幼稚的心灵封闭起来，失去生机和活力；也只会使他们的大脑潜能关闭起来，得不到正常的运转和发挥；这样的比较，只会把孩子越比越“矮”，一天不如一天，这样的比较甚至还可能会比出孩子的各种心理障碍，有些孩子为了发泄内心的郁闷，难免会做出一些叛逆甚至荒诞、可悲的事情来。因此，100 分父母应该善于运用手中比较的尺子。那么，父母应该如何对孩子进行比较呢？

俗话说：尺有所短，寸有所长。任何孩子都会有自己的长处，作为父母，不能眼睛总是盯着孩子的短处，对孩子的评价要客观、全面。要能指出孩子的缺点并帮助其改正，更要善于发现孩子的优点，多赏识孩子。“所谓赏识教育，无非就是要看得起自己的孩子，从生命的角度来看待孩子，激发孩子对生命的热爱和人生价值的不懈追求。”中国赏识教育的倡导者周弘先生如是说。经过 20 年的赏识教育实践，他改变了许多孩子的命运，其中还不乏许多几乎“一无是处”的孩子。所以，父母要善于运用比较的尺子，首先在于父母要有正确的心态，正视孩子的优点和缺点，客观、全面地评价孩子，多赏识激励，少讽刺挖苦。

其次，在比较中，不应伤害孩子的人格和自尊，尊重孩子的气质差异，注意相对比较而不是绝对比较。

志军小时候跟着爷爷奶奶一块儿过。4 岁时，妈妈把他送到幼儿园。由于从小没有和很多小朋友一起玩，在幼儿园里他

显得特别胆小，不敢和小朋友玩。每次妈妈去接他都是看到他哭，又是心疼，又是生气，总是骂他是“窝囊废”，岂知越骂他越胆小。妈妈细心一想，觉得这样不是办法，于是她改变了方法，不去关注志军胆小的表现，只要他有一点点进步，就会很高兴地表扬他勇敢、了不起。一段时间后，妈妈发现小志军改变了以前的胆小怯懦，能和小朋友们一起游戏、玩乐了，而且相处得也十分融洽。

再次，比较要注重孩子努力的过程和方法，淡化结果。

每个孩子都有自己的自尊和受到他人尊重的渴望，每个孩子都希望能得到周围其他人的认可，因此他们都会有自己的目标，并且也都会为此不断努力。只不过有时候他们的方法不对，难免会遇上迷茫，从而在某个阶段的表现不理想。这时候，父母应该淡化这一结果，肯定孩子的努力过程，并给予方法上的指导和帮助。

最后，比较要纵向，建立孩子自己的坐标，鼓励孩子自我超越。

人们经常说：人生最大的敌人是自己。每个人只有不断挑战自我、战胜自我、超越自我，才能取得最终的成功与进步。即使暂时落后于别人，也是可以改变的。所以，父母不仅要从孩子的发展过程来纵向比较孩子，也要鼓励孩子自我比较，让孩子不断地超越自我，成为生活的强者。

一个女孩子由于一次考试没考好，经常一个人偷偷地哭泣，生自己的气，恨自己不如别人，不想去上学。父母没办法，只好带她去见心理医生。

心理医生问："你是所有成绩都糟糕，还是某一门或某几门科目考得不好？"

女孩说："主要是英语。"

"你的英语糟糕到了什么程度呢？"

"我们班有很多90多分的，而我只有87分。"

"那你以前的英语成绩怎样？"

"以前我的英语成绩总是在70分和80分之间徘徊。"

"那你这次应该是进步了呀！"

"可是别人能考90多分呀！我太不争气了！"

"你应该看到自己的进步，并肯定自己的进步。以前你的英语成绩在70到80分之间，现在你考了87分，你应该高兴才是。你想想，从90分到100分是不小的跨越，从70分到87分的跨越难道小吗？"

女孩点了点头，终于解除了心中的障碍。

另外，一些事业有成的父母总爱把孩子与自己进行比较，还有些父母爱把孩子与自己的当年进行比较。这样的比较也不利于孩子的成长，容易使孩子产生反感和抵触情绪，还有可能导致孩子自卑、迷失自我。

总之，父母应善于运用手中比较的尺子，让孩子扬长避短，不断超越自我，成为100分孩子。

专家建议

孩子成长过程中，需要多一些良性刺激，少一些劣性刺激。父母手中比较的尺子必须正确运用，才会使孩子健康成长，不

断进步。

因此父母要注意以下几点：

(1) 客观、公正、全面地评价自己的孩子，肯定其优点，指出其缺点，并帮助孩子改正。

(2) 父母必须以一颗平常心来看待自己的孩子。

(3) 父母要善于发现孩子的优点，并为孩子的每一点进步喝彩。

(4) 不把孩子的缺点与别人的优点进行比较，批评孩子要讲究方法。

(5) 比较孩子时，不要伤害孩子的人格和自尊，话不能说过头。

(6) 多对孩子进行纵向比较，也教育孩子多进行自我比较，敢于超越自我。

10. “问题家庭”也能培养出100分孩子

人们通常把没有父母或单亲的家庭称为“问题家庭”，也叫“不完全家庭”。它包括：父母因离婚或一方病故，由另一方带着年幼的孩子孤居或重新组建了家庭；未婚女子与私生子组成的家庭；父母双亡，孤儿与祖父母或其他亲友组成的家庭；还包括特别贫困的家庭等等。孩子生活在这样的特殊环境里，教育孩子便成了敏感而棘手的问题。这样的家庭能否培养出100分孩子呢？

郭秀艳2岁时，父亲患脑瘤去世。一年后，母亲不堪生活重负抱着不满两个月的弟弟不辞而别。于是这个家里，就只有

小秀艳与只有一只眼睛的爷爷相依为命了。

爷爷只有一只眼睛而且视力很差，不仅要吃力地干活，还要带着小孙女，着实很不容易。但爷爷没被生活的重压吓倒。小秀艳到了上学的年龄，爷爷把她送进了学校。这样，生活的担子更重了。小秀艳上初一那年，学校里要交63元书籍资料费，拿不出钱的爷爷只好到邻村去借。晚上回家途中，由于眼睛不好，迷了路掉进了路边的池塘里，幸亏一个捡破烂的人路过此地将他救起。第二天，爷爷便干起了捡破烂的营生。

初中毕业，郭秀艳以第一名的好成绩考取临沂一中，爷孙俩再次陷入艰难的处境。虽然学校免去了秀艳的学杂费，但在城里读书花钱是少不了的。爷爷为了孙女能安心学习，骗她说每月能净赚200元，其实不然。爷爷为捡破烂卖更多的钱，总是一整天呆在垃圾场，每天仅吃晚上一顿饭，起早贪黑，与其他捡破烂的人打时间差。一天爷爷累倒在地，晚上光线微弱，司机没看见爷爷，将大半车垃圾倒在他身上，半夜爷爷才被刺鼻的臭味熏醒，艰难地爬回家被路人发现，住进了医院。然而住院不足5天，爷爷不顾医生的强烈反对出院了。因为爷爷急着要去捡破烂挣钱给孙女读书呀！

最艰难的日子来了，秀艳考取了临沂师范学院，爷爷高兴得泣不成声。面对6 000多元的学杂费，秀艳不想让爷爷受更多的苦，打算偷偷去广州打工，爷爷察觉后极力反对。于是东挪西借，还是不够，典卖那些不值钱的家当也是无用。幸好天无绝人之路，其所在的镇政府机关干部和镇直部门为秀艳慷慨捐款，他们才得以解困。

爷爷和郭秀艳这祖孙俩在艰难的生活中，各自挺住了困

难，明确地告诉人们："不完全家庭"中也能培养出100分孩子。

安金鹏的家太穷了，家里欠的债一年比一年多。学费是妈妈找人借的，金鹏总是把同学扔掉的铅笔头捡回来，用细线捆在一根小棍上接着用，用橡皮把写过的练习本擦干净接着写。在天津一中，他连素菜都吃不起，只能顿顿吃两个馒头，再泡些方便面渣就辣酱和咸菜吃，但他从没自卑过，因为妈妈以自己的行动教育他要向苦难和厄运抗争。

一次，金鹏对妈妈说自己怕英语跟不上，妈妈却一脸笑容地答道："妈妈只知道你是最吃苦的孩子，妈妈不想听你说难，因为一吃苦便不难了！"

妈妈虽是一个普通的农妇，可教给金鹏的知识却可以激励他一生。妈妈常说："妈没多少文化，可还记得小时候老师念过高尔基的一句话——贫困是一所最好的大学……"

在金鹏回天津做准备赴阿根廷参加第38届国际数学奥林匹克竞赛时，母亲托同学捎来了200元钱和一张留言条："妈妈为你自豪，要谦虚，要为国争光！"金鹏也不负众望，捧回了本届数学奥赛的金牌。

"问题家庭"也能培养出100分孩子，秘诀就在于爱，这是教育的基点！

专家建议

"问题家庭"中孩子的教育是敏感而棘手的问题，但只要

倾注以爱，也同样能培养出100分孩子。

(1) 孩子不一定非要宽裕的物质生活，苦难是人生的最好大学。穷人的孩子早当家，重要的是家庭能给予孩子优秀的品质。

(2) 大人一定要注意乐观地对待家庭的“问题”，不要把悲观传染给孩子，不要回避事实。

(3) 爱是教育的基点，“问题家庭”中的孩子往往缺乏爱，大人要用真诚的爱温暖孩子的心，这样的孩子才会以100分来回报。

11. 让生理缺陷的孩子牵手100分

天下所有的父母都希望自己的孩子健康活泼、快乐成长，谁也不希望自己的孩子有某种生理上的缺陷。但是，灾难并不因为人的主观愿望而改道，有时候它偏偏无情地发生了。比如有的孩子存在听觉障碍、视觉障碍、智力障碍或者其他的生理残疾。有的孩子是先天因素造成的，有的孩子是后来不幸导致的，无论哪种情况，孩子有生理缺陷是家庭的不幸，父母都会为此焦虑不安。该怎么办呢？孩子的人生才刚刚起步，漫长的人生道路上，不能永远罩着不幸的阴影！

那年夏天，12岁的志刚与爸爸同车去老家，打算与在老家等待的妈妈一起共度一个愉快的暑假。行至中途，他突然感觉车身一阵剧烈的晃动，紧接着就失去了知觉。醒来之后，他发现自己正躺在医院白色的病房里，身边围着一群穿白大褂的医生和护士，指指点点地轻声讨论着什么。见妈妈满脸泪痕，志刚满脸疑惑地问道："爸爸呢？"

妈妈见他醒来，慌忙擦干泪水，紧紧攥住他的手说："孩子，你总算醒了！你爸出差去了，你安心治病吧，等你出院，你爸自然就会回来。"

这时，志刚挪了挪身子，才发现自己的异常。"我的另一条腿！原来我少了一条腿！"他悲伤地哭了起来，心里充满了恐惧。

妈妈强忍着悲痛，劝他道："孩子，别怕！坚强一点，妈妈在你身边呢！张海迪高位截瘫都生活了下来，而且还写下了许多震撼人心的文章，翻译了大量的外国文学作品，取得了惊人的成绩。比起她来，你不应该怕的！坚强一点，孩子！"

几个月后，志刚出院了。不过，他再也不能像以前那样行走、踢球了，陪伴他行走的是一副拐杖。又一场打击降临了，他这时才明白，车祸不仅夺走了自己的一条腿，而且还残酷地夺走了爸爸的生命。妈妈不想影响志刚的治疗，因而一个人默默地承担了巨大的打击。她不仅要一边偷偷抹泪，还要一边安慰儿子！

下班之后，忙累了的妈妈总不忘给儿子一个微笑，忍着疲惫，给儿子讲张海迪，讲贝多芬，要儿子坚强地面对人生。在妈妈的劝慰与影响下，志刚终于走出了残疾的阴影。

开学了，志刚坚定地说要去上学。第一天放学，志刚对妈妈说他不想再上学了。妈妈一问，才知道有同学喊他"瘸子"。妈妈心疼极了，忍着没把泪流出来，对他说："瘸子怎么了？郑智化也是瘸子，但他还登上舞台，面对成千上万观众唱歌呢！你是瘸子，你一定要明白，你跟别人不一样。但你只不过比别

从多了副拐杖，不也一样坐在教室里学习吗？去学校是为了学知识，不是去听别人说你，要学会忍耐。妈妈也不能陪你一辈子，将来还是要靠你自己。”

后来，妈妈还买来了一本叫《假如给我三天光明》的书。志刚被主人公海伦·凯勒的精神深深感动了，他想：与海伦相比，我仅仅是少了一条腿，但我的眼睛还能看东西，我的手还能写字和劳动，我的嘴巴还能说话！我不应该消沉下去。于是，他哼着“他说风雨中这点疼算什么，擦干泪不要怕，至少我们还有梦”的歌儿，自信地去上学了。

初中毕业后，志刚以优异成绩考进了重点高中。他开始尝试着自己拄着双拐去上学，他要坚强，他要靠自己！虽然他行动不便，生活困难，但每当想起妈妈的话，想到妈妈在承受丧夫之痛、爱子残疾的巨大打击时，仍然能够微笑；想到张海迪，想到保尔，想到海伦·凯勒，说什么也没有对生活屈服的理由。在学校中，他学习成绩优异；在生活中，积极乐观。高二时，他参加了市残疾人运动会，获得击剑项目的单项银牌。妈妈终于从心底里乐了起来，儿子虽然残疾，但他心理健康，各方面表现都很不错，这就是她的骄傲！当志刚将那枚银牌捧回家挂在妈妈脖子上时，一声深情的“妈妈”，让妈妈热泪盈眶，忍不住喊道：“儿子，你真棒！”

在人生路上，志刚无疑是个100分孩子。不管他今后走哪一条路，我们都有充足的理由相信，他的人生路上会洒满阳光。因为他的乐观、自信、坚强……是妈妈给了他最为宝贵的人生财富！

可见，作为100分父母，假如不幸降临在孩子身上，孩子有了某种生理缺陷时，父母首先要正视，克服内心的悲伤，挥去家庭不幸的阴影。不幸既然已经成了事实，就应该正确地去面对，过分的悲伤于事无补，不必有意遮掩、隐瞒事实或者过度自责、怨天尤人。要想到孩子今后的生活和以后漫长的人生，要以自己的坚强和乐观去护理孩子，影响孩子！

其次，多与孩子沟通，了解孩子的身心发展状况，当好孩子的保护人。有生理缺陷的孩子，如果缺少沟通，极易导致自我封闭、自卑、性格暴躁，甚至仇视他人，引发各种心理障碍。所以，父母经常与孩子沟通，不仅关心孩子的身体状况，积极为孩子想方设法治疗，而且还要关心孩子的心理，保证孩子的心理健康。

最后，父母要善于发现孩子的长处，不能因为有生理缺陷而瞧不起孩子，在心理上要把有生理缺陷的孩子当作正常的孩子看待。孩子有生理缺陷，但并不表明孩子其他方面都有缺陷。父母要有一双善于发现的眼睛，以孩子的长处去激励他，让孩子乐观、自信，坚强起来。同时要以正常的眼光来看待孩子，不要溺爱孩子，也不要轻视孩子，鼓励孩子的自理自立。

总之，有生理缺陷，并不影响其成为100分孩子。父母要相信孩子，孩子更要相信自己！“风雨中这点疼算什么，擦干泪不要怕，至少我们还有梦。”不要让生理缺陷掩盖了孩子的长处，鼓励他勇于牵手100分，拥抱乐观积极的人生！

专家建议

孩子有生理缺陷是家庭的不幸，更是孩子的不幸。但孩子的人生之路还要继续，所以需要走出阴影，拥有乐观积极的人生。

(1) 父母要走出悲伤，正视现实。

(2) 积极教育孩子，善于发现孩子的长处并以此激励孩子。

(3) 关心孩子，但不溺爱孩子。相信孩子，在心理上把孩子当作是正常的孩子。

(4) 经常与孩子沟通，关注孩子的身心健康发展。

(5) 要孩子自理自立，让孩子相信自己，以乐观的心态正视自己的缺陷，以积极的态度面对人生。

100分，亲子的共同追求

渴望孩子成才是天下父母的心愿，在培养孩子方面，父母总是力求自身做得更好。孩子在父母的殷切关注下成长，与世界与他人不断地磨合，他们又何尝不渴望自己早日成才?!

童言无忌

同桌轶事

一日，地理课上，老师发现了同桌正与人交头接耳，就把他叫了起来问：“刚才我讲什么？”

同桌答：“老师讲的是伊朗。”

老师又问：“伊朗首都在哪里？”

“德兰黑。”

“什么？”

“黑德兰。”

全班大笑。

父亲的酒量

算术老师在上课时间问学生：“桌子上有三杯酒，你父亲喝去一杯，试问还有几杯？”

一个学生回答：“一杯没有了。”

老师以为听错了，又问了一遍，这个学生还是回答一杯没有了。老师很生气：“这么简单的题你也不会算吗？”

那个学生说：“不是我不会算。老师哪里知道我父亲的酒量和脾气！他见了三杯酒，哪能喝一杯剩两杯啊？”

1. 亲子共建100分家庭

家庭是社会的细胞，同时是孩子成长的第一环境。家庭环境影响着孩子能否健康成长，影响着社会的安定进步。“家和万事兴”，构建100分家庭是父母和孩子的共同心愿。

何谓100分家庭？100分家庭首先在于其家庭内各成员间关系和谐，互敬互爱。在家庭中，最主要的就是夫妻关系和亲子关系。家庭是因为有爱而成立的，也会因为有爱而让人感到幸福。100分家庭中，夫妻之间、父母与子女之间都能感受到彼此的关爱，都能合适地表达自己对其他成员的爱。

曾有一位父亲问女儿：“孩子，你知不知道我爱你妈妈？”

“我知道。”年幼的女儿微笑着说。

“你怎么知道的？”父亲接着问。

“因为你常对妈妈说‘我爱你’。”女儿答道。

“那么你知不知道爸爸妈妈爱你？”

“我知道。”

“这你是怎么知道的？我从没对你说过‘我爱你’呀！”

“因为你常常亲我呀！”

“假如我没亲过你，你会不会觉得爸爸不爱你？”

“不会，你的眼睛会告诉我。”

“假如我是个瞎子呢？”

“我照样会知道你爱我，因为你的脸色、你的行动会证明

给我看。”

这说明家庭中的爱可以有多种表达方式。然而，在现代家庭中，许多父母却不知如何表达自己对孩子的爱。他们只知道要孩子听话，认为这样才是乖孩子，只要顺着父母的意思去走父母为其择定的道路，才是乖孩子，才是能成才、能为父母争气的孩子。殊不知，随着孩子的渐渐长大，孩子的独立意识、自主意识以及自理能力都在不断增强，这时候父母应该适应这种亲子关系的微妙变化，去改变家庭教育方式，适应孩子身心发展的特点，这才是真正地爱孩子。

另外，父母不仅要爱孩子，还要夫妻互敬互爱，互相体谅。如果夫妻不和，“战争”不断，则会给孩子的心灵带来永远抹不掉的阴影，甚至会影响到孩子的一生。如果夫妻关系真到了分手的地步，只要对孩子说明，不在孩子面前争争吵吵，相信孩子会谅解，也会照样爱父母的。孩子也不仅仅是接受爱的容器，父母之间互敬互爱，父母爱孩子、爱家人，孩子会受到潜移默化的影响，会主动去爱父母、爱家人。在家庭中，家人间关系和谐，充满了关爱，人人都会觉得幸福，这样的家庭才是100分家庭。

其次，100分家庭应该是学习型家庭，时时保持着进取向上的发展趋势。社会不断发展进步，要求家庭也必须与时俱进，家庭内各成员都必须加强学习，不断进步，努力解决家庭因社会生活的变化而带来的各种矛盾。特别是做父母的，不仅要学习和钻研业务知识，使自己的事业不断发展，给孩子树立努力追求进步的良好榜样，还要学习先进的家庭教育理念和方法，为孩子营造良好的成长环境。学习不仅仅是孩子的任务，父母也要加强学习。

一位英语专业毕业的校长兼党支部书记，还承担着一定的教学任务，日常工作十分繁忙。但为了激励读小学的女儿，毅然决定和女儿同桌学习。他以报考政治学理论专业的研究生为自己的学习目标，和女儿开展学习竞赛，以自己的实际行动带动女儿，让女儿不断上进。在学习过程中，父女俩耐住了寂寞，挡住了诱惑，持之以恒，执著钻研，每天父女俩都坐在方桌边一起学习，即使父亲出差，他俩都各自完成自己的学习任务。终于父亲考取了研究生，女儿也进入了某重点中学读初一。但学习并没有止境，父女俩继续同桌学习，父亲成为复旦大学博士研究生，女儿以优异成绩考入了重点高中。尽管父女俩无法天天在一起，但他们约定，每到周末还得同桌学习，并且制定了各自的学习目标，三年后父亲写出一本学术专著，女儿考入复旦大学。

父亲与女儿同桌学习，使家庭时时保持着积极进取、力求上进的发展趋势。同桌学习，相互激励，彼此成为对方的支撑点，这是学习型家庭的一个重要表现。另外，做父母的，有时也要向孩子学习。社会在不断发展，家庭时时都有浓郁的学习氛围，这是100分家庭的特征。

最后，100分家庭应该是民主型家庭，家庭成员间相互平等，相互尊重，能站在对方位置替对方设想，没有沟通障碍。相互尊重使家庭成员间真正达到心理上内在的和谐，平等相待、相互尊重意味着不强迫对方，能真正接纳对方不同于自己的观念、行为和特点。相互尊重，才会理解对方，宽容对方。家庭中有民主的气氛，才更容易实现家庭的和谐幸福。在这样的家庭内部，权利与义务是统一的，人人都懂得为他人、为家庭奉献。特别是父母能尊重孩子，倾听孩子的意见，也乐于接受孩子的正确意见。

无论家庭境况如何，只要有爱，就能创造和谐家庭。只要家庭成员都合适地表达自己的爱，就能成为100分家庭。

专家建议

构建100分家庭，是父母和孩子的共同愿望，需要亲子间共同努力。

(1) 亲子共同努力，让学习成为家庭的主旋律。

(2) 亲子间平等相处，相互尊重，相互体谅，构建和谐的家庭关系。

(3) 父母与孩子经常沟通，进行心与心的交流。了解对方，也能理解对方。

(4) 单亲家庭中，父亲或母亲更要注意对孩子的关爱，但爱而有节，对孩子宽严并济。孩子要多体谅父母的不易，孝敬父母。

(5) 亲子间爱的表达要以尊重对方为前提，让对方乐于接受。

2. 做100分父母

随着孩子的长大，父母不再是孩子心目中的权威了，经常会听到孩子说起父母的这种或那种缺陷，这是孩子们从另一个角度提出了对父母的期望，他们从内心里发出呼喊：渴望自己的父母是100分父母，理解他们，尊重他们。希望父母不仅能做自己的老师，而且还能成为自己的朋友。

做100分父母也是父母自己的渴望。望子成龙、盼女成凤是天下父母的共同心愿，在这一理念的指引下，父母们含辛茹苦，为的就是孩子有出息，能出人头地。由于带有这种功利色彩，所以在教育孩子上往往采取了一些过激的行为，比如过分溺爱孩子，认为“棍棒底下出孝子”等，往往事与愿违，害了孩子，也苦了自己。所以，做100分父母，首先要树立正确的教子观念。

享誉全球的世界首富比尔·盖茨20岁那年便当上了微软公司的董事长。曾有一位记者问他的母亲：“您在培养比尔成为电脑人才方面有何独特的做法？”比尔·盖茨的母亲说道：“我从没想到要把比尔培养成电脑专家，那只是他自己的兴趣而已。我自己对电脑毫无兴趣，我只不过想把我的孩子培养成一个正常的人而已。如果比尔仅仅是个懂得电脑的人，我会感到非常失败。令我高兴的是比尔在很多方面都很优秀，有爱心，有责任感，能做很多事，受大家欢迎，这比仅仅是个电脑专家更让人开心。”

比尔·盖茨的母亲只是希望比尔成为一个正常的人，没有过分地要求比尔。1973年，比尔考入哈佛大学，1977年还没毕业，他便离开了哈佛，去创办自己的计算机公司。在这一过程中，父母尊重了他的选择，让他的兴趣特长得以发挥。可见，作为100分父母，必须认识到成人比成才更重要，要尊重孩子，做孩子的老师和朋友。

“知心姐姐”卢勤指出，孩子们心目中理想的“现代母亲”

可以概括为五个一点：懂一点电脑，化一点淡妆，少一点说教，露出一点微笑，多给人一点空间。这说明，作为100分父母，既要成为孩子的好老师，更要成为孩子的好朋友。

怎样才能成为孩子的好老师呢？好老师应该是孩子的指路明灯。要能给孩子指路，自己必须努力学习，学学先进的教育理念，学学科学的教育方法；还要注意发现和培养孩子的兴趣，针对孩子的兴趣重点培养；爱孩子但不把孩子当成温室的幼苗，尊重孩子而不把自己的意愿强加给孩子；发现孩子的闪光点会及时赏识激励，孩子犯了错误，能够宽容孩子，同时能够引导孩子改正。

怎样才能成为孩子的好朋友呢？好朋友之间应该是平等的，那么父母必须站在孩子的角度，与孩子一起学习，和孩子一道成长。父母除了要学习怎样教孩子外，还要学好自己的专业知识，以榜样的力量和孩子“对话”，而不是一味地说教；父母还要经常与孩子进行沟通，了解孩子，时时留心，处处用心，以自己的坦诚赢得孩子的合作；父母犯了错误，不能隐瞒掩饰，以权威自居，要向孩子坦诚道歉；父母还得有“现代”意识，有时也应该向孩子学习，跟上时代前进的步伐；孩子的某些偏激行为，要以朋友的身份加以劝告并引导其改正……

总之，作为100分父母，必须尊重孩子，平等地对待孩子，能够宽容孩子的过失，能做孩子的好榜样，思想不落伍，行为不偏激，是孩子的老师，更是孩子的朋友。

每当小路向伙伴们提起爸妈时，总是自豪地说：“爸、妈现在都是我的朋友。”把伙伴们羡慕得不得了。

其实，小时候的小路淘气又倔强，爸爸也曾尝试过“棍棒”教育，岂知越打越不对劲，总不能使小路心服口服；妈妈却总是爱唠叨，一说就是大半天，小路一仰头：“你烦不烦呀?”或者干脆不听，弄得妈妈不是叹气就是哭泣。长此以往，终究不是办法，夫妻二人商量来商量去，觉得应该改变对孩子的教育方法。

一天放学，小路刚到家，就闻到了饭菜的香味，只见爸爸妈妈在一块忙得不可开交。今天是什么重大节日吗？小路一想不对呀，便问爸妈是怎么回事。刚忙完的爸爸妈妈一起坐在桌边，爸爸和蔼地说：“小路，我和你妈妈今天真诚地向你道歉。以前我们对你要求太多了，让你不快乐，所以我们决定来个彻底的改变。”这是小路从没听到过的声音，他觉得很奇怪，也不太相信。妈妈说：“不管你信不信，我们要以行动来证明!”奇怪，妈妈说话也干净利落了。“不过，你可别以为我们是你的奴隶……”爸爸还没说完，妈妈瞟了他一眼，爸爸顿了一下，“我是说，我们全家人都是平等的。你不对的时候，你要自觉地去改正。我们不对，我们也会改正。”爸爸似乎还想说什么，终究还是忍住了没说。

第二天是星期日，小路在家做作业。大概是做得太多了，他感觉有点累，便趴在桌上休息。爸爸看见了，问：“小路，愿意出去玩会儿吗?”小路确实很想出去，但自从进入初三以后，他就没有星期天了。以前，小路最爱打乒乓球了，可现在除了在学校偶尔打打外，其他时间球拍便没上过他的手。只见爸爸手握一副球拍，说：“走，我们去打乒乓球!”小路一听乐了，赶紧放下笔，跟爸爸一起来到公园里，心里不住地喊：“爸爸万岁!”没想到爸爸的乒乓球打得还蛮不错的，这令他十分佩服，看样子爸爸打乒乓球的技术比自己强多了。又一球过来，小路没接着，拾球的时候，小路忍不住问："爸爸，这球你是怎么打的？"想不到，爸爸说起球来也头头是道，一边示范一边讲解，使小路受益匪浅。回家路上，爸爸问起他最近学习得怎样，感觉如何，小路坦诚相告，考重点高中，自己可能不行。爸爸说："万事都得试一试，就像打乒乓球，我把球发过去，你不接你就不可能胜得了我，对吗？相信自己！"爸爸还叫他要劳逸结合，使他感受了前所未有的温暖。

这之后，爸爸妈妈像变了个人似的。无论什么事，也不再是爸爸一言堂，还时常让小路提出自己的看法，尊重他的意见。妈妈说起话来，小路也感觉舒服多了，也不再觉得是啰里啰嗦的。小路考试成绩好时会得到爸妈的鼓励，考差了也不会有责骂，爸妈还一起帮他分析失误的原因。有时爸妈也不免出错，小路也能毫不忌讳地指出，分析道理，爸妈也能虚心地接受。在这种和谐的环境中，小路学习得更努力了，他终于如愿以偿，考入了重点高中。

其实，每一位父母都能像小路的父母一样，成为100分父母，只要用心改变自己，把孩子和自己都进行正确的家庭定位！

专家建议

孩子渴望有100分父母，父母也渴望自己处处完美，能赢得孩子的合作，达到100分。为此，父母要注意以下几点：

（1）父母树立正确的教子观念，自身率先垂范。

（2）父母在家庭中正确给自己定位：是孩子的老师，更是孩子的朋友。

(3) 管孩子，但不是说教加棍棒，而是赏识和引导。

(4) 对孩子的过错能够宽容，并给机会让孩子改正。

3. 造就100分孩子

要想孩子成才，遗传、环境、教育以及主观努力，四个要素缺一不可。卡尔·威特曾指出："如果每个孩子的潜能都能得到最有效的开发，那么每个孩子都有成为天才的可能。"他还深刻地指出："对于孩子的成长来说，最重要的是教育而不是天赋。孩子最终成为天才还是庸才，并不取决于天赋的大小，关键决定于其从生下来到5、6岁时的教育。诚然，孩子的天赋是有差异的，但这种差异毕竟有限。在我看来，别说那些生下来就具备非凡禀赋的孩子，即使仅仅具备一般禀赋的孩子，只要教育得法，也能成为非凡的人。"

正是因为始终坚持了这样的教育方法，他的儿子小卡尔·威特很早就表现出了过人的才能。小卡尔·威特在婴儿时期显得有些痴呆，但出人意料的是他8岁时就学会了德语、法语、意大利语、拉丁语、英语和希腊语等6种语言，并擅长动物学、植物学、物理学和化学，数学特别出色。9岁时考入莱比锡大学，10岁时进入哥廷根大学，14岁被授予哲学博士学位，刚满16岁，又获取法学博士学位，并被柏林大学聘为法学教授。小卡尔·威特所取得的这一系列的成绩，全都是他父亲教育的结果。小卡尔·威特成为天才的神奇过程，证明了教育对成才起到了至关重要的作用。相隔200年后，在中国，刘亦婷的母亲刘宇华正是受到卡尔·威特这一教育思想的启迪和引导，使刘亦婷成了“哈佛女孩”。可见，教育是造就100分孩子的关键途径。

家庭是影响孩子成长的最初的也是最重要的环境。一个人生下来就会受到家庭的影响，父母是孩子的第一任老师，也是孩子的终生老师。父母对孩子的教育在某种程度上决定着孩子的命运。父母通过家庭教育，一方面为孩子创造良好的学习条件，另一方面保护孩子的身心健康，加强对孩子的思想品德和健康人格教育，言教与身教并重，潜移默化地影响孩子，使孩子成为100分孩子。

教育是一项双向的活动，父母作为施教者，首先要具有先进的教育理念，要坚信每个孩子都能成为100分孩子。其次，父母还必须具有科学的教育方法，同时制订周密而严格的教育方案，寓教于乐，使孩子易于接受，乐于接受，这样才能教出100分孩子。

教育是双向的活动，孩子也应积极配合父母的教育，敢于创造，善于发现，不断培养自己良好的个性品质，终将会成为100分孩子。值得注意的是配合，不是是非不分地全盘接受，父母的教育错误，孩子应理智地说“不”，并分析自己的道理，帮助父母及时改正。

专家建议

从卡尔·威特到“哈佛女孩”刘亦婷，证明了一个深刻的道理：教育能造就天才。那么，教育更应该能造就100分孩子。

（1）在家庭中，父母和孩子分别担当着双重角色，既是施

教者，又是受教者，所以亲子间要注意相互学习。

(2) 在大多数情况下，父母是施教者，是孩子的第一任老师，父母要有正确的教育理念，还要有科学的教育方法。

(3) 孩子要积极配合，培养和发展自己良好的个性品质，但并不意味孩子必须全盘接受父母的观点。

4. 以平常心拥抱100分

美国著名的高空钢索表演者瓦伦达在一次重要的表演中，不幸失足跌下钢索，生命从此画上了句号。事后，他的妻子透露，瓦伦达在上场前总是不停地说："这次太重要了，不能失败，绝不能失败。"而在以往，他从来没有为"成功"和"失败"而担心。在以前无数次的表演前，他只是一心一意为走钢索表演精心准备，根本不考虑其他事情。这次出事，主要是他的心态造成的。

渴望成功，是每个人心中的梦想。但是，"人生逆境十之八九"，没有谁能一路平坦地走下去，日常生活中难免会遇上挫折和失败，渴望成功的人遇上挫折与失败，关键就是看他持何种心态。如果在行事之前，以一颗平常心去面对即将要办的事情，失败很少会光顾。

在家庭教育中，许多父母都过分地要求孩子完善，失去了应有的平常心态，结果事与愿违，孩子并没有朝着父母的理想方向发展。发生在浙江金华的"徐某弑母案"给普天下父母敲响了警钟！

人们不禁要反思：徐某弑母悲剧的主要原因是什么呢？让我们来回顾一下这一事件的原因。

17 岁的高中学生徐某由于没达到父母给其制定的学习目标，不堪忍受父母的唠叨责骂，竟用榔头杀死了自己的亲生母亲！这位母亲一味要求徐某学习好，将来考上重点大学，徐某稍不如她之意，便会遭其责骂。因为儿子成绩不太理想，她竟不许儿子再玩他最爱好的足球，使儿子心理扭曲了，终于酿下了悲剧。

在现实生活中，许多父母由于没有正确的成才观念，带着功利的思想教育孩子，往往忽视了孩子的成长规律，这样做，欲速则不达，既伤害了孩子，自己也徒增无限的烦恼。特别是一些父母见到孩子失败时，总是难以控制自己的情绪，不能冷静下来细心思索孩子失败的原因，只知道责骂孩子，殊不知输得起才赢得起，一个人的成功往往是从良好的心态开始。

一天，日本著名教育家铃木镇一先生接待了一位来访的母亲。这位母亲说她的孩子热衷于学习音乐，他的音乐技术掌握得很好，乐感特别强。末了，她问铃木先生："老师，我的孩子能成才吗?"

"不，成不了才!"铃木先生微笑着答道。

这位母亲犹如被当头泼了一盆凉水，竟惊呆了。

铃木先生给她详细解释才使她醒悟过来。"能成才吗?"这一句问话里隐含了这样的信息：成不了才那我就算白费劲了。这种观点早就深深植入许多父母的头脑里，假如始终抱着让孩子成才的功利思想，忽视对孩子成人的训练，那么结果是可想而知的。孩子成人尚且困难，何谈成才？更令人担心的是，如果父母不能以一颗平常心来对待孩子和孩子的所作所为，父母

与孩子就不能心连心地相处在一起。父母希望孩子成名成家和出人头地，这种自私和贪婪的愿望肯定会影响到孩子的心理健康。

“你的孩子不应该只是成为了不起的人才，而应该让他成为高尚的人、心灵美的人，作为父母在这方面多多关心孩子就行了。若这样精心培养下去，顺其自然，就会使孩子前途无量。不然，就会使孩子误入歧途。”铃木先生如是说。

可见，父母对孩子成长的教育应抱一颗平常心。孩子的成长过程是孩子不断学习和认知的过程，对孩子的教育应尊重孩子身心发展的规律。以平常心对待孩子的成长，才符合孩子的身心发展规律。当孩子成功时，给予孩子以适当的肯定，但并不过分夸大，养成孩子骄傲的性格；当孩子失败时，不一味打骂责罚，而是与孩子一起静心分析原因，引导孩子走出失败阴影，并为下次的成功打好基础。“拔苗助长”只能毁坏幼苗，苛求孩子则意味着断送孩子的未来。教育最讲究因势利导，尊重规律，尊重孩子的个性特点。拥有平常心，以平常心对待孩子的成长，这是对100分父母的一个重要要求。

但是，平常面对、顺其自然，并不是对孩子放任自流。无论如何，父母对孩子的教育都是必不可少的。

成长是一个艰辛的探索过程，其间会交织着成功的喜悦与失败的苦恼，作为新世纪的100分孩子，更应该以平常心对待自己的学习和成长，不过分苛求自我，也不过分忽略自我，自信自强、自尊自立，以一颗平常心拥抱未来的人生。胜不骄，败不馁，赢得起，也输得起，永远保持乐观向上的

心境，再多的苦再大的难都不可怕，因为你已拥有了强者的心态。

专家建议

孩子的成长过程，有成功，也会有失败，有晴空万里，也有狂风巨浪。在这个过程中，最难得的是平常心。父母要以平常心去教育孩子，正视孩子的成长；孩子更要以平常心拥抱世界，拥抱未来，不苛求自己和父母，不放弃自我主观努力，亲子都要以平常之心拥抱100分。

（1）父母要有正确的成才观，尊重孩子，尊重孩子的成长规律，不要让功利扭曲了孩子。

（2）父母要教育孩子，但不要把自己的意愿强加给孩子。

（3）父母教育孩子时，允许孩子失败，正确对待孩子的得失。

（4）父母不能过早地给孩子限定某一条发展道路。

（5）孩子要正视自己的成败，胜不骄，败不馁，输得起才能赢得起。要全面、客观地评价自己，不自负也不自卑，注意塑造健康的心理。

图书在版编目（CIP）数据

100分父母　100分孩子/何占来著. —北京：农村读物出版社，2006.3
（和孩子一起成长）
ISBN 7-5048-4853-0

Ⅰ. 1…　Ⅱ. 何…　Ⅲ. 中学生—家庭教育　Ⅳ. G78

中国版本图书馆CIP数据核字（2006）第006214号

出 版 人　傅玉祥
责任编辑　刘宁　马春辉
出　　版　农村读物出版社（北京市朝阳区农展馆北路2号　100026）
发　　行　新华书店北京发行所
印　　刷　北京昌平百善印刷厂印刷
开　　本　787mm×1092mm　1/16
印　　张　16
字　　数　190千
版　　次　2006年3月第1版　　2006年3月北京第1次印刷
印　　数　1~14 000册
定　　价　19.80元